스윙 타법 & 비거리 늘리기

원골프 매뉴얼 ②
스윙 타법 & 비거리 늘리기

지은이 이근택 외
펴낸이 양동현
펴낸곳 골프아카데미
　　　　출판등록 제307-2012-7호
　　　　136-034, 서울 성북구 동소문로13가길 27
　　　　전화 02-927-2345 팩스 02-927-3199

초판 1쇄 발행 2012년 3월 10일
초판 3쇄 발행 2016년 3월 25일

ISBN 978-89-968266-4-4 13690

ⓒ 이근택, 2012

이 책은 신저작권법에 의해 보호받는 저작물이므로
무단으로 전재하거나 복제할 수 없습니다.

* 잘못 만들어진 책은 구입한 곳에서 바꾸어 드립니다.

www.iacademybook.com

스윙 타법 & 비거리 늘리기

이근택 외 공저

머리말

"드라이버는 쇼(Show), 퍼팅은 돈(Money)"이라는 말이 있다.
그러나 실로 많은 골프 팬들은 게임의 결정타인 퍼팅을 기억하기보다는 화려한 드라이버의 엄청난 비거리에 환호하며 장타를 치는 선수들에게 더 많은 관심을 갖는다. 그 이유 가운데 하나는, 예전보다 골프장의 전장이 길어져 장타를 내지 못하면 좋은 타수 또한 기대하기 어렵기 때문이기도 하다.

이처럼 골퍼들이라면 누구나 장타에 대한 욕망이 있을 것이다. 하지만 구력이 오래됐다고 장타를 치는 것도 아니고, 체격이 크고 건장하다고 해서 장타를 칠 수 있는 것도 아니다.

이 책은 정확한 원리를 알지 못한 채 무수한 반복 연습만을 통해 비거리를 늘리려는 데 대한 의문에서부터 출발했다. "왜 이렇게 해야 하는가?" 하는 질문에 대해 오랜 경험과 노하우를 통해서 이론을 체계화하고 이를 과학적으로 증명하여 독자들이 쉽게 이해할 수 있도록 서술하였다. 또한 다수의 아마추어 골퍼들이 아이언 샷과 드라이버 샷의 타격 방법에 대한 정확한 원리를 알지 못해 "드라이버 샷은 프로 골퍼 못잖지만 아이언 샷은 전혀 그렇지 못하고, 반대로 아이언 샷은 좋은데 드라이버 샷은 형편없는 경우가 있다.
이는 스윙의 타법이 문제다. 드라이버와 아이언에 맞는 정확한 타법을 숙지하지 못하고 그 원리 또한 알지 못하므로 드라이버 샷을 아이언 샷처럼, 아이언 샷을 드라이버처럼 스윙하기 때문이다.
두 번째로 다루고 있는 스윙의 타법론에서는 이러한 문제들로 고민하고 있는 많은 골퍼들에게 각각 클럽에 맞는 정확한 타격 방법 및 차이점을 쉽게 이해할 수 있도록 풀이하였으며, 많은 예시 사진을 통하여 누구나 쉽게 보고 따라할 수 있도록 기술하였다.

앞에서 말한 비거리와 타법은 아주 많은 연관성이 있다. 각각의 클럽에 맞는 정확한 타법을 구사해야만 비거리와 일관성을 유지할 수 있기 때문이다.

PREFACE

이 책을 통해서 여러분은 상상만으로 꿈꾸던 300야드의 비거리와 어떠한 클럽이든 자유자재로 구사할 수 있는 능력을 키울 수 있다.

물론 완벽한 이론을 습득했다 하더라도 끊임없는 노력과 연습 없이는 아무것도 이룰 수 없을 것이다. 그러므로 이 책을 밑거름 삼아 열심히 노력하여 여러분의 실력 향상에 도움이 되길 바란다.

끝으로 이 책의 발간을 위해 힘써 주신 모든 저자분들과, 책을 출판하는 데 적극적으로 지원을 아끼지 않았던 많은 동료, 골프장 대표님들께 심심한 감사를 드리며, 지금 이 책을 손에 드신 여러분이 진정한 행복한 골퍼가 되길 진심으로 바랍니다.

— 저자

차례

머리말 · 4

제1부 모든 클럽을 자유롭게 다루는 스윙 타법

골프 스윙 시 타법의 중요성 · 10
스윙의 타법 · 11

1 드라이버와 아이언의 차이 · 12
클럽의 길이 · 12
볼의 위치 · 12
공략 지점 - 페어웨이인가 그린인가 · 13

2 스윙 타법 · 14
다운블로 · 14
사이드블로 · 15
어퍼블로 · 16
타법에 따른 원의 이해 · 17

3 드라이버와 아이언의 어드레스 차이 · 22
볼의 위치 · 22
척추의 각도(프런트 뷰) · 25
척추와 손목의 각도(백 뷰) · 30
스탠스의 폭 · 33
체중 분배(프런트 뷰) · 37
몸과 손의 간격(백 뷰) · 40

4 드라이버와 아이언 스윙의 차이 · 41
테이크 백에서 헤드의 움직임(프런트 뷰) · 41
테이크 백에서 헤드의 움직임(백 뷰) · 46
톱에서 헤드의 위치(프런트 뷰) · 51
톱에서 어깨 턴의 크기 · 54
다운 시 허리의 움직임 · 56
리듬 · 61

5 각 클럽의 스윙 · 63
　아이언 · 63
　롱 아이언, 우드 스윙 · 66
　드라이버 스윙 · 69

제2부 누구나 쉽게 낼 수 있는 비거리

　비거리의 중요성 · 74
　골퍼 이야기(장타 군과 단타 군) · 75

1 비거리 메커니즘 · 77
　기록으로 보는 최고 비거리(자료 참조) · 77
　연도별 PGA, LPGA 남, 녀 선수 비거리 기록(투어 중 비거리 1위) · 78
　PGA, KPGA 선수 비거리 기록(2011년) · 79

2 거리를 내는 요소 · 80
　투어 프로 골퍼들의 비거리는 어디에서 나오는가 · 80
　비거리를 내는 4가지 요소 · 83

3 임팩트 이후의 투사각 · 84
　투사각 · 84
　투사각을 형성하는 조건 · 85

4 백스핀 · 93
　드라이버의 로프트와 백스핀 그리고 헤드 스피드 · 93
　헤드 스피드와 로프트 그리고 백스핀 · 94

5 정확한 임팩트 · 95
　거리의 손실 · 95
　일관된 스윙을 위한 자세 · 96

6 연습과 라운드 전 골프 스트레칭 · · · · · · · · · · · · · · · · 102
　스트레칭의 정의 · 102
　골프 스트레칭의 효과 · 103
　골프 스트레칭의 준수 사항 · · · · · · · · · · · · · · · · · 103
　스트레칭의 방법 · 103
　몸 풀기 골프 스트레칭의 부위 및 방법 · · · · · · · · · 104

7 헤드 스피드 · 112
　원의 조합과 샷 · 112
　헤드 스피드는 어디에서 나는가 · · · · · · · · · · · · · · 116
　헤드 스피드를 내는 스윙의 자세 · · · · · · · · · · · · · 118

8 비거리와 방향성은 반비례 · · · · · · · · · · · · · · · · · 164
　톱에서 어깨 턴의 크기 · 164
　톱에서 손목 코킹의 크기 · · · · · · · · · · · · · · · · · · 165
　톱에서 팔의 높이 · 165
　다운 시 체중의 이동 · 166
　다운 시 허리 턴의 정도 · · · · · · · · · · · · · · · · · · · 166
　다운 시 손목 턴의 빠르기 · · · · · · · · · · · · · · · · · 167

제1부
모든 **클럽**을 자유롭게 다루는 **스윙 타법**

골프 스윙 시 타법의 중요성

라운드를 할 때, 어떤 날은 드라이버만 잘 맞고, 어떤 날은 아이언만 잘 맞는 이유는 다양한 클럽에 따른 스윙 타법이 혼란을 주기 때문이다.

골프는 14개나 되는 클럽을 ① 다양한 위치에서 사용하고, ② 다양한 곳으로 보내야 하므로 클럽에 따른 적절한 타법으로 스윙해야 한다. 그런데 드라이버가 잘 맞는 날은 스윙 중 손보다 몸을 잘 사용하여 아이언도 드라이버처럼 쓸어 치게 되어 임팩트가 약하고, 반대로 아이언이 잘 맞는 날은 스윙 중 몸보다 손을 많이 사용하여 아이언과 같은 찍어 치는 타법으로 드라이버도 찍어 치게 되어 드라이버의 임팩트가 약한 것이다.

그러므로 스윙 타법의 기본을 이해하면 모든 클럽을 자유롭게 사용할 수 있다.

스윙의 타법

볼이 놓인 위치와 클럽의 길이, 공략 위치에 따라 스윙 타법이 달라져야 하는데, 이 여러 가지 스윙 타법은 임팩트 시 실수를 최대한 줄여 주어 모든 클럽을 쉽게 적응하기 위한 중요한 요인이 된다. 퍼팅은 볼을 빠르게 굴리기 위해 어퍼블로를, 치핑은 백스핀보다 런을 위해 완만한 다운블로를, 피칭과 숏 아이언은 방향성과 백스핀을 위해 다운블로를, 롱 아이언이나 우드는 거리를 위해 사이드블로를, 드라이버 티샷은 거리와 방향을 위해 약간의 어퍼블로 타법을 구사해야 원하는 비거리·방향성·일관성을 동시에 얻을 수 있다.

퍼팅 | 피칭
우드 | 드라이버

1 드라이버와 아이언의 차이

클럽의 길이

하나의 축을 기준으로, 길이가 각기 다른 클럽으로 원을 그려 보자. 길이가 짧으면 원을 쉽고 빠르게 그리고, 길이가 길면 힘이 좀더 들면서 느리게 원을 그리게 된다. 같은 스윙이라도 클럽 길이에 따라 리듬이 다르다.

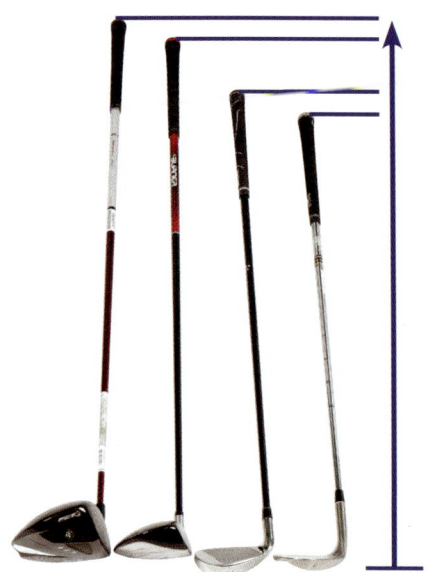

▶ 라운드에서 사용할 수 있는 클럽 개수는 14개로, 거리에 따라 클럽의 길이가 다르다. 드라이버는 약 45인치, 아이언은 35~39인치 등으로, 클럽에 따라 용도와 스윙 타법이 다르다.

볼의 위치

라운드 도중 볼이 놓여 있는 장소는 ① 티잉 그라운드의 티 위, ② 티잉 그라운드와 그린 외 지역(페어웨이, 러프 등), ③ 그린이다. 드라이버 샷은 쓸어 쳐야 방향과 비거리가 좋고, 잔디 위의 볼은 찍어 쳐야 실수가 줄고 백스핀이 많이 걸려 그린 공략이 쉬워진다.

볼 위치에 따라 타법이 달라져야 상황에 맞는 샷을 할 수 있고, 클럽을 자유롭게 구사할 수 있다.

티 위에 있는 볼	러프에 있는 볼	페어웨이 볼	그린 위의 볼
			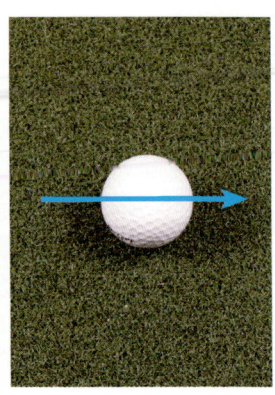

공략 지점 – 페어웨이인가 그린인가

드라이버로 페어웨이를 공략하려면 비거리를 최대한 내야 하고, 잔디 위에 있는 볼로 핀을 공략하려면 백스핀이 적절히 걸려야 한다. 비거리를 최대한 내기 위해서는 쓸어 치는 사이드블로, 어퍼블로 스윙을 해야 하고, 핀 공략을 위해 백스핀을 걸기 위해서는 찍어 치는 다운블로로 볼을 임팩트해야 한다.

눈에 보이는 세 가지 차이에 의해 퍼팅, 치핑, 피칭, 아이언, 우드, 드라이버 샷의 어드레스와 스윙이 조금씩 달라지는 것이다.

2 스윙 타법

다운블로

다운블로는 클럽 헤드가 볼을 향해 위에서 아래로 내려가며 임팩트되는 샷으로, 잔디 위에서 아이언이나 피칭으로 그린을 공략할 때 사용한다. 그 이유는 ① 백스핀이 많아지고 ② 실수가 줄어들기 때문이다.

백스핀이 많으면 좋은 이유

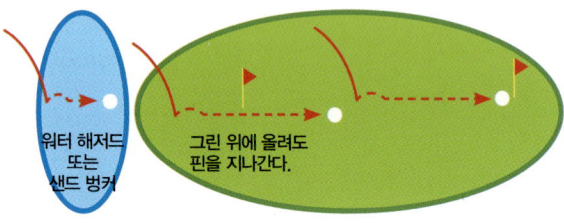

임팩트에서 백스핀이 적게 걸릴 때 핀의 위치가 뒤쪽이면 적절하게 공략할 수 있다.
핀이 앞이나 중간에 위치하면, 볼을 그린에 떨어뜨리면 핀을 넘어가고 핀에 멈추려면 그린 앞에 떨어져야 하는데 그린 앞에 벙커나 해저드가 있다면 공략이 어렵다.

임팩트에서 백스핀을 많이 걸면 볼이 많이 구르지 않으므로 핀의 위치와 상관없이 거리만 맞추면 적절하게 공략할 수 있다.

실수가 줄어드는 이유

어퍼블로로 정확하게 임팩트했어도 클럽과 볼 사이에 잔디가 끼여 백스핀이 줄어들어 굴림이 많아져서 핀 공략이 어려워진다.

약간의 실수에도 토핑이나 뒤땅이 발생하여 비거리와 구질이 나빠지며 백스핀이 줄어들고 낮은 탄도의 구질이 된다.

다운블로로 임팩트하면 토핑이나 뒤땅이 없이 볼에 클럽 헤드가 먼저 임팩트되므로 클럽과 볼 사이에 잔디가 끼이지 않고 로프트보다 백스핀이 많이 걸려 핀 공략이 쉬워진다.

심하게 찍어 치며 임팩트하면 토핑이 생겨 비거리가 약간 떨어지지만 클럽과 볼 사이에 잔디가 끼지 않아 백스핀이 많아 핀 공략이 쉬워진다.

사이드블로

사이드블로는 클럽 헤드가 볼을 쓸어 치며 최하점에서 임팩트되는 것으로, 이 사이드블로 타법은 잔디 위에서 우드나 롱 아이언으로 먼거리 그린을 공략할 때 사용한다. 그 이유는 ① 비거리가 충분히 나고, ② 실수가 줄어들기 때문이다.

비거리를 충분히 낼 수 있는 이유

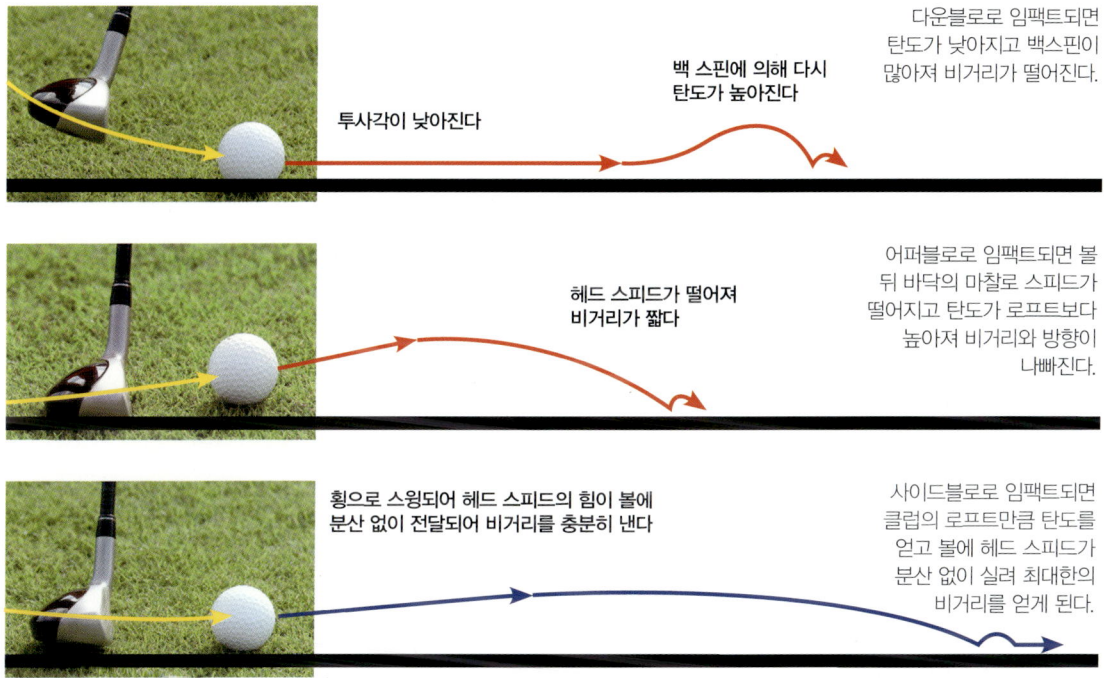

미스가 줄어드는 이유

잔디에 있는 볼을 어퍼블로로 정확히 임팩트되기가 매우 어렵다. 왜냐하면 약간의 스윙의 차이에도 볼이 바닥에 있어 뒤땅이나 토핑을 동반하기 때문이다. 그래서 방향과 비거리를 함께 잃게 된다.

사이드블로 임팩트되면 볼에 헤드 스피드가 분신 없이 실리게 되고 클럽 로프트의 탄도가 되어 최대한의 비거리를 얻게 되고 바닥을 쓸어 지나가는 높이가 일정한 기준이 되므로 실수가 크게 줄어든다. 만약 약간 높게 쓸어 친다 하더라도 비거리의 손실만 있다.

어퍼블로

어퍼블로란 볼에 클럽 헤드가 올라가며 임팩트되는 것으로, 티잉 그라운드에서 드라이버로 페어웨이를 공략할 때 사용한다. 그 이유는 ① 드라이버 로프트만큼만 백스핀이 걸리고 ② 미스가 줄어들기 때문이다.

백스핀이 적으면 좋은 이유

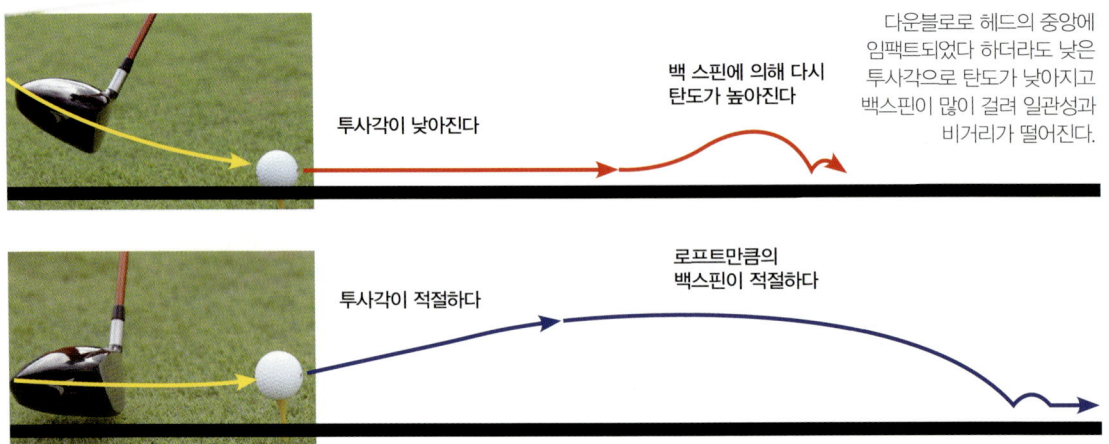

드라이버 헤드의 로프트에서 어퍼블로로 임팩트되면 로프트 각에 의한 백스핀만 걸리고 볼에 헤드 스피드의 전달이 커져 비거리를 최대로 얻을 수 있다. 만약 백스핀이 과도하면 탄도가 지나치게 높아진다.

미스가 줄어드는 이유

다운블로로 정확히 페이스의 스윗 스팟에 임팩트되어도 구질은 기존의 탄도보다 낮아진다.

조금이라도 깊이 찍어 치면 페이스의 위쪽에 임팩트되어 힘 없이 높이 뜨는 볼이 된다.

어퍼블로로 임팩트되면 볼에 헤드 스피드가 분산 없이 실리게 되고 클럽의 로프트만큼 백 스핀이 적절하게 걸려 최대한의 비거리를 얻게 되고 또한 바닥을 쓸어 지나가는 높이가 일정한 기준이 되므로 미스가 크게 줄어든다. 만약 약간 높게 쓸어 친다 하더라도 비거리의 손실만 약간 있다.

타법에 따른 원의 이해

6개의 원이 하나로 이루어진 원 스윙
― 백스윙을 어깨와 손목과 팔의 원, 다운을 허리와 팔과 손목의 원으로 스윙

원 골프 스윙이란 백스윙을 어깨와 손목과 팔의 원 그리고 다운을 허리와 팔과 손목의 원 등 6개의 작은 원들을 하나의 큰 원으로 만드는 풀 스윙을 말한다. 스윙 중 최대한 동원할 수 있는 원을 만들어 최대의 비거리와 정확성을 만드는 샷이다.

백스윙 시 어깨와 손목과 팔의 원을 부드럽게 접목하여 크고 확실한 원을 만든다.

다운스윙은 허리와 팔, 손목을 동력으로 다운을 만들면 비거리와 방향선이 최대가 된다.

위와 같이 6개 원의 크기를 조절하거나 2~5개의 원을 만들어 스윙을 하면 다양한 타법을 만들 수 있고 다양한 거리의 다양한 스윙을 만들 수도 있다.

볼과 원의 중심과 타법(프런트)

풀 스윙은 하나의 큰 원으로, 중심이 어디에 위치하는가에 따라 타법이 달라진다. 임팩트에서 원의 중심이 볼 위에 있으면 사이드블로, 볼 앞이면 다운블로, 볼 뒤에 있으면 어퍼블로가 자연스레 구사된다.

아이언의 다운블로

임팩트에서 축인 머리가 볼보다 앞쪽에 위치하면 클럽의 헤드는 볼을 다운블로로 임팩트하기 쉬워진다. 따라서 백스핀이 많이 걸리고 볼을 먼저 임팩트하게 되므로 약간의 실수에도 방향과 비거리가 크게 나빠지지 않는다.

롱 아이언, 우드의 사이드블로

임팩트에서 축인 머리가 볼 위쪽에 위치하면 클럽의 헤드는 볼을 사이드블로로 임팩트하기 쉬워진다. 따라서 볼에 헤드 스피드의 전달이 좋아져 비거리가 길어지며 바닥을 쓸어 치는 일정한 기준이 되므로 약간의 실수에도 방향과 비거리가 크게 나빠지지 않는다.

드라이버의 어퍼블로

임팩트에서 축인 머리가 볼 뒤쪽에 위치하면 클럽의 헤드는 볼을 어퍼블로로 임팩트하기 쉬워진다. 따라서 볼에 헤드 스피드의 전달이 좋아져 비거리가 길어지며 바닥을 쓸어 치는 일정한 기준이 되므로 약간의 실수에도 방향과 비거리가 크게 나빠지지 않는다.

축(머리의 위치)

원의 궤도와 타법(백)

스윙 중 백 원의 궤도는 기울어진 각도에 따라 볼을 쓸어 치게 하거나 찍어 치게 하는데 그 이유는 횡 스윙 또는 종 스윙이 되기 때문이다.

클럽이 짧아 어드레스에서 척추의 각이 숙여진 만큼 백스윙 궤도는 가팔라져 다운에서 중력이 커져 자연스레 다운블로가 구사된다.

클럽이 길어 어드레스에서 척추의 각이 세워지면 세워진 만큼 백스윙의 궤도는 완만해져 클럽 헤드는 볼에 완만하게 접근하게 되어 자연스레 어퍼블로가 구사된다.

프런트의 인팩트에서는 축의 위치에 따라, 백 임팩트에서는 백스윙 궤도의 각에 따라 다운블로, 사이드블로, 어퍼블로 타법이 자연스레 만들어지고, 스윙 중 중심의 위치와 궤도는 어드레스와 스윙의 차이에서 만들어진다.

3 드라이버와 아이언의 어드레스 차이

어드레스에서의 조그만 변화에도 스윙은 자연스레 달라지므로, 타법에 따른 어드레스를 이해하면 쉽게 모든 클럽을 자유롭게 스윙할 수 있다.

볼의 위치

기본 스윙의 스탠스 중앙을 기준으로 했을 때 볼의 위치가 중앙과 오른발 쪽이면 다운블로, 중앙에서 왼발 쪽이면 사이드블로, 왼발 뒤꿈치에서 왼쪽이면 어퍼블로 스윙이 자연스럽게 구사된다. 또한 볼의 위치는 볼 탄도의 높낮이를 조절하는 역할을 한다.

다운블로(피칭, 아이언)

숏 아이언의 볼은 중앙이 적절하지만, 볼이 당겨지는 골퍼는 중앙과 오른발 사이가 알맞다.

미들 아이언의 볼은 중앙이 적절하지만, 볼을 당겨 치거나 뒤땅이 나는 골퍼는 중앙에서 오른발 쪽으로 볼 반 개 또는 한 개가 적절하다.

잘못된 볼의 위치(아이언)

볼을 먼저 임팩트하려고 과도하게 오른발 쪽에 위치시키면 다운 블로가 심해져 탄도가 너무 낮아진다.

볼을 띄우기 위해 볼을 왼쪽으로 위치시키면 볼을 치기 위해 상체가 덮이기 쉽고 체중 이동이 느리면 스윙에 따라 뒤땅이나 토핑이 난다.

사이드블로 & 어퍼블로

우드나 롱 아이언은 골퍼마다 자신만의 스윙이 습관화 되어 있으므로 약간씩 달라질 수 있다. 가장 중요한 점은, 바닥에서는 볼을 먼저 임팩트해야 하고, 드라이버는 쓸어 쳐야 한다는 것이다.

롱 아이언이나 우드의 볼은 중앙과 왼발 사이가 적절하지만 볼을 당겨 치거나 뒤땅이 나는 골퍼는 스탠스 중앙이 적절하다.

드라이버 티샷의 볼은 왼발 뒤꿈치가 적절하지만, 볼을 찍어 치거나 탄도가 낮으면 왼발 쪽에, 토핑이 나거나 훅이 나면 오른쪽으로 볼을 약간 이동시키면 구질이 좋아진다.

잘못된 볼의 위치(롱 아이언, 우드, 드라이버)

우드의 볼 위치는 스탠스의 3/4 왼쪽, 드라이버는 왼발 뒤꿈치가 정석이지만, 골퍼들의 스윙에 따라 볼의 위치도 조금씩 달라질 수는 있다. 하지만 볼의 위치가 많이 달라지면 시간이 흐를수록 스윙이 볼의 위치에 적응하기 위해 점점 나빠질 수도 있다.

볼이 스탠스의 오른쪽에 위치하면 임팩트에서 과도하게 찍어 쳐 탄도가 낮아지고 밀리는 구질이 된다.

볼이 스탠스의 왼쪽에 위치하면 임팩트 존의 궤도가 나빠져 구질의 일관성이 떨어지고 임팩트가 나빠진다.

볼이 스탠스 중앙에 위치하면 다운블로가 되기 쉬워 스카이 볼이 되거나, 임팩트가 되어도 탄도가 낮고 밀리는 구질이 된다.

볼이 스탠스 왼쪽에 위치하면 임팩트 존의 궤도가 나빠져 구질의 일관성이 떨어진다.

척추의 각도(프런트 뷰)

기본적인 스윙을 전제로 척추의 각이 똑바로 세워지면 찍어 치는 다운블로의 스윙이 되고, 척추의 각이 오른쪽으로 기울어질수록 쓸어 치는 사이드블로가 되거나 더 심하게 기울어지면 어퍼블로 스윙이 자연스레 구사된다. 또한 척추 각의 기울기는 볼 탄도의 높낮이를 조절하는 역할을 한다.

척추 각의 역할

어드레스에서 척추의 각이 적으면 톱에서도 척추의 각이 작아지는데 다운 시 작은 척추의 각에 의해 왼발로 체중 이동이 빨라져 다운블로가 쉽게 된다. 또한 탄도는 낮아진다.

어드레스에서 척추의 각이 크면 톱에서도 척추의 각이 커지는데 다운 시 많은 척추의 각에 의해 왼발로 체중 이동이 느려져 어퍼블로가 쉽게 된다. 또한 탄도는 높아진다.

다운블로 스윙

숏 아이언 척추의 각은 약 2도 정도 오른쪽으로 기울어지는 것이 적절하다.
적절하게 기울어진 어드레스에서 백스윙하면 궤도가 약간은 가팔라지고 자연스레 톱에서도 척추의 각이 어드레스처럼 기울어진다. 따라서 다운 시 가파르게 찍어 치는 스윙이 된다.

미들 아이언의 척추의 각은 약 3~4도 정도 오른쪽으로 기울어지는 것이 적절하다.
적절하게 기울어진 어드레스에서 백스윙을 하게 되면 궤도가 약간은 가팔라지고 자연스레 톱에서도 척추이 가이 어드레스처럼 약간 기울어진다. 따라서 다운 시 적절히 찍어 치는 스윙이 된다.

스윙에 따라 조금씩 다르지만 아이언의 척추 각은 약 3~4도 오른쪽으로 기울여 준비한다. 그러나 각 골퍼의 체형이나 특징에 따라 조금씩 다르므로 기본적인 척추의 각을 하고 스윙해도 뒤땅이나 토핑 또는 너무 깊이 찍어 치면 척추의 각을 상황에 따라 조금씩 다르게 준비해야 좋은 임팩트를 만들 수 있다.

사이드블로의 스윙

롱 아이언이나 우드의 척추 각은 약 4~7도가 적절하다.
적절하게 기울어진 어드레스에서 백스윙을 하게 되면 궤도가 약간은 플랫해지고 자연스레 톱에서도 척추의 각이 어드레스처럼 기울어진다. 따라서 다운 시 약간 머리가 볼 뒤에 있어 자연스레 쓸어치는 스윙이 된다.

어퍼블로의 스윙

어드레스에서 드라이버의 척추의 각은 6~8도 정도가 적절하다.
적절하게 기울어진 어드레스에서 백스윙을 하면 궤도가 플랫해지고, 톱에서도 척추의 각이 어드레스와 같이 기울어진다. 따라서 다운 시 머리가 볼 뒤에 있어 자연스레 쓸어치는 스윙이 된다.

잘못된 척추의 각(롱 아이언, 우드)

척추의 각을 너무 세우면 척추가 세워지고 업라이트한 톱이 되어 다운 시 상체가 타깃으로 나가기 쉬워 어깨가 덮이며 헤드가 볼에 아웃 인으로 접근하게 되어 찍어 치며 일관성이 떨어진다.

척추의 각을 오른쪽으로 과도하게 기울이면 톱에서도 척추의 각이 기울어진다. 따라서 톱이 낮아지고 다운 시 머리가 과도하게 볼 뒤에 있어 퍼 올리는 스윙이 되어 임팩트와 일관성이 떨어진다.

잘못된 척추의 각(드라이버)

척추의 각을 너무 세우면 척추가 세워지고 업라이트한 톱이 되어 다운 시 상체가 타깃으로 나가기 쉬워 어깨가 덮이며 헤드가 볼에 아웃 인으로 접근하게 되어 찍어 치며 임팩트와 일관성이 떨어진다.

척추의 각을 오른쪽으로 과도하게 기울이면 톱에서도 척추의 각이 기울어진다. 따라서 톱이 낮아지고 다운 시 머리가 과도하게 볼 뒤에 있어 퍼 올리는 스윙이 되어 임팩트와 일관성이 떨어진다.

그러나 처음에 척추의 각을 바꾸게 되면 백스윙과 다운스윙의 궤도가 달라져 어색해지므로 조금은 어려워도 이번 기회에 기본을 단단히 하는 것이 중요하다. 특히 이 척추의 각은 스윙 중 축이 되고 볼의 접근하는 헤드의 각도를 다양하게 하여 볼의 탄도를 조절하는 역할을 하므로 매우 중요하다.

척추와 손목의 각도(백 뷰)

기본적인 스윙을 전제로 척추의 각이 세워지고 손목의 각이 펴지면 손목의 코킹이 작아지는 톱이 되어 쓸어 치는 사이드나 어퍼블로의 스윙이 되고, 척추의 각이 숙여지고 손목의 각이 꺾이면 꺾일수록 손목의 코킹이 많아지는 톱이 되어 다운블로 스윙이 자연스레 구사된다.

척추와 손목 각의 역할

어드레스에서 척추와 손목의 각이 적으면 각만큼 어깨의 턴은 플랫한 백스윙이 되고 또한 백스윙 시 손목의 코킹이 느려지고 작아져 쓸어 치는 사이드블로, 어퍼블로가 쉽게 된다.

어드레스에서 척추와 손목의 각이 많으면 각만큼 업라이트한 백스윙이 되고 또한 손목의 코킹이 빨라지고 커져 찍어 치는 다운블로가 쉽게 된다. 또한 비거리는 좋아지는 대신 일관성은 떨어진다.

피칭, 아이언(다운블로)

어드레스에서 몸과 손의 간격을 약 주먹 1개 정도로 하고 손목의 각을 적절히 꺾는다. 그러면 양 겨드랑이가 적절히 붙는다.

손목의 꺾임에 의해 손목이 부드러워져 백스윙에서 코킹이 쉬워진다.

코킹이 쉬워지고 빨라지며 숙여진 척추의 각에 의해 백스윙 궤도가 가팔라지고 따라서 다운 시 적절히 찍어 치는 스윙이 된다.

우드, 롱 아이언(사이드블로)

어드레스에서 몸과 손의 간격을 약 주먹 1.5개 정도로 하고 손목의 각을 살짝 꺾는다. 그러면 양 겨드랑이가 적절히 붙는다.

약간의 손목 꺾임에 의해 어깨의 턴과 손목의 코킹으로 백스윙이 시작된다.

코킹이 조금은 느려지고 숙여진 척추의 각에 의해 백스윙 궤도가 약간은 완만해지고 따라서 다운 시 적절히 쓸어 치는 스윙이 된다.

드라이버(어퍼블로)

어드레스에서 몸과 손의 간격을 약 주먹 2개 정도로 하고 손목의 각을 살짝 꺾는다.

백스윙이 어깨의 턴으로 움직이고 손목의 코킹은 조금은 느리게 시작된다.

척추의 각은 클럽과 타법에 따라 조금씩 달리 준비하면 원리적인 스윙에 의해 더 간단하고 쉬운 자연스런 타법을 구사할 수 있다.

어깨의 턴에 의해 코킹이 조금은 느려지고 세워진 척추의 각에 의해 백스윙 궤도가 완만해지고 따라서 다운 시 적절히 쓸어 치는 스윙이 된다.

스탠스의 폭

어드레스에서 적절한 스탠스의 폭은 스윙 중 체중의 이동과 허리의 턴의 빠르기에 관련하여 다운블로 또는 어퍼블로의 타법을 자연스레 만들고 고속으로 회전하는 몸의 중심을 잡아 주는 역할을 한다.

좁은 스탠스

스탠스가 좁으면 다운 시 왼발로 체중이 빠르게 이동되고 다음 허리의 턴이 되므로 클럽 헤드가 체중이 왼발로 이동하는 동안 중력에 의해 밑으로 떨어져 볼을 찍어 치기 쉬워진다.

넓은 스탠스

스탠스가 넓으면 다운 시 허리의 턴이 빨라지고 다음 체중의 이동되므로 클럽 헤드가 허리의 턴에 의해 볼이 쓸어 치기 쉬워진다. 그러나 너무 스탠스가 넓으면 허리의 턴과 어깨의 턴이 동시에 일어날 수 있어 헤드가 볼에 아웃으로 접근하기 쉬워 구질이 나빠지기도 한다.

아이언 스탠스의 폭

아이언의 어드레스는 스탠스의 폭은 어깨 넓이가 적절하다. 그래야 다운 시 왼발로 체중이 빠르게 이동되며 클럽 헤드가 중력에 의해 밑으로 떨어지게 되어 볼이 찍어 치기 쉬워진다.

롱 아이언, 우드 스탠스의 폭

롱 아이언, 우드의 어드레스에서 스탠스의 폭은 어깨 넓이보다 조금 넓어야 다운 시 왼발로 체중 이동과 허리의 턴이 동시에 시작되어 쓸어 치는 스윙이 쉬워진다.

드라이버 스탠스의 폭

스탠스의 폭은 스윙 중 균형을 잡고, 필요에 따라 허리의 턴과 체중 이동을 원활하게 할 수 있는 넓이여야 한다. 너무 넓으면 체중 이동이 어렵고, 너무 좁으면 중심을 잡기가 어렵다.

드라이버의 어드레스에서 스탠스의 폭은 어깨 넓이보다 넓어야 다운 시 허리의 턴이 빨라지고 체중이 이동되므로 클럽 헤드가 허리의 턴에 의해 볼이 쓸어 치기 쉬워진다.

잘못된 스탠스의 폭

피칭이나 아이언 스탠스의 폭이 지나치게 좁으면 스윙하는 동안 중심 잡기가 어렵고, 임팩트되어도 볼의 탄도가 너무 낮으며, 깊이 바닥을 찍어 손목 부상이 우려된다.

드라이버의 스탠스 폭이 과도하게 넓으면 뒤땅이나 토핑이 나고, 임팩트가 되어도 볼의 탄도가 너무 높기도 하며 어깨가 덮이기 쉬워 구질이 나빠지기도 한다.

드라이버의 어드레스에서 좁은 스탠스의 폭이 좁을수록 다운 시 왼발로 체중 이동이 빨라지고 허리 턴이 느려지므로 어퍼블로가 어렵고, 찍어 치는 스윙이 되며 구질의 일관성이 떨어진다.

체중 분배(프런트 뷰)

어드레스에서 체중 분배는 스윙 중 체중의 움직임과 연관되어 타법에 영향을 준다. 왼발의 체중은 잔디에서 다운블로를, 오른발의 체중은 티 위에서 사이드나 어퍼블로를 자연스레 구사할 수 있게 한다.

왼발에 많은 체중

어드레스에서 다운블로를 쉽게 하기 위해 왼발에 체중을 80% 이상 싣는다.

백스윙 시 왼발의 체중이 오른발로 이동이 적어지는 톱이 된다.

다운 시 왼발로 체중 이동이 빨라져 클럽 헤드가 볼을 찍어 치기 쉬워진다.

어드레스에서 왼발에 체중을 많이 싣게 되면 다운블로를 쉽게 구사할 수가 있다.

오른발에 많은 체중

어드레스에서 어퍼블로를 쉽게 하기 위해 오른발에 체중을 70% 싣는다.

백스윙 시 오른발로 체중 이동이 많아지는 톱이 된다.

다운 시 왼발로 체중 이동이 느려지고 허리의 턴이 빨라져 클럽 헤드가 볼을 쓸어 치기 쉬워진다.

어드레스에서 오른발에 체중을 많이 싣게 되면 어퍼블로를 쉽게 구사할 수가 있다.

피칭과 아이언의 체중 분배

어드레스에서 왼발에 체중을 약 70% 실으면 백스윙 시 오른발로 체중 이동이 적어지고 다운 시 왼발로 체중 이동이 빨라져 클럽 헤드가 볼을 찍어 치기 쉬워진다.

어드레스에서 왼발에 체중을 약 60% 실으면 백스윙 시 오른발로 체중 이동이 약간 적어지고 다운 시 왼발로 체중 이동이 빨라져 클럽 헤드가 볼을 찍어 치기 쉬워진다.

롱 아이언, 우드, 드라이버의 체중 분배

어드레스에서 왼발에 체중을 약 50%를 실으면 다운 시 왼발로 체중 이동과 허리의 턴이 동시에 시작되어 클럽 헤드가 볼을 쓸어 치기 쉬워진다.

어드레스에서 오른발에 체중을 약 60%를 실으면 다운 시 왼발로 체중 이동이 느려지고 허리의 턴이 빨라져 클럽 헤드가 볼을 쓸어 치기 쉬워진다.

체중의 위치는 다운 시 왼발로 체중의 이동 속도를 느리게 하여 쓸어 치는 사이드블로로 스윙하게 하거나 또는 빠르게 하여 찍어 치는 다운블로로 스윙하게 하는 중요한 역할을 한다. 그러나 볼의 위치, 척추의 각 등이 같이 어우러져 하나의 스윙이 만들어지므로 각 골퍼들의 체중의 정도는 조금씩 달라지지만 다운, 어퍼블로를 위해 각 클럽별로 체중의 위치가 조금씩 달라져야 한다.

몸과 손의 간격(백 뷰)

어드레스에서 몸과 팔의 간격을 좁힘으로써 몸과 팔이 일체감을 갖게 하여 방향성을 높이기도 하고, 반대로 스윙 중 몸과 팔을 자유롭게 하여 비거리를 늘리기도 한다. 결국 비거리를 위한 드라이버는 어드레스 시 몸과 손의 간격이 적절히 떨어져야 하고, 방향성을 위한 아이언의 어드레스는 몸과 손의 간격이 적절히 붙어야 한다.

어드레스에서 몸과 손의 간격은 스윙 중 몸과 팔의 일체감을 높이기 위해 주먹 1~1.5 정도가 적절하다. 그러면 겨드랑이가 적절히 조여져 스윙 중 일체감이 좋아져서 방향성이 좋아진다.

어드레스에서 몸과 손의 간격은 스윙 중 몸과 팔의 약간은 자유로운 스윙을 위해 주먹 약 2~3개 정도가 적절하다. 그러면 겨드랑이가 적절히 떨어져 스윙 중 몸과 팔의 움직임이 빨라져 비거리가 늘어나게 된다.

롱 아이언, 우드, 드라이버의 체중 분배

어드레스에서 왼발에 체중을 약 50%를 실으면 다운 시 왼발로 체중 이동과 허리의 턴이 동시에 시작되어 클럽 헤드가 볼을 쓸어 치기 쉬워진다.

어드레스에서 오른발에 체중을 약 60%를 실으면 다운 시 왼발로 체중 이동이 느려지고 허리의 턴이 빨라져 클럽 헤드가 볼을 쓸어 치기 쉬워진다.

체중의 위치는 다운 시 왼발로 체중의 이동 속도를 느리게 하여 쓸어 치는 사이드블로로 스윙하게 하거나 또는 빠르게 하여 찍어 치는 다운블로로 스윙하게 하는 중요한 역할을 한다. 그러나 볼의 위치, 척추의 각 등이 같이 어우러져 하나의 스윙이 만들어지므로 각 골퍼들의 체중의 정도는 조금씩 달라지지만 다운, 어퍼블로를 위해 각 클럽별로 체중의 위치가 조금씩 달라져야 한다.

몸과 손의 간격(백 뷰)

어드레스에서 몸과 팔의 간격을 좁힘으로써 몸과 팔이 일체감을 갖게 하여 방향성을 높이기도 하고, 반대로 스윙 중 몸과 팔을 자유롭게 하여 비거리를 늘리기도 한다. 결국 비거리를 위한 드라이버는 어드레스 시 몸과 손의 간격이 적절히 떨어져야 하고, 방향성을 위한 아이언의 어드레스는 몸과 손의 간격이 적절히 붙어야 한다.

어드레스에서 몸과 손의 간격은 스윙 중 몸과 팔의 일체감을 높이기 위해 주먹 1~1.5 정도가 적절하다. 그러면 겨드랑이가 적절히 조여져 스윙 중 일체감이 좋아져서 방향성이 좋아진다.

어드레스에서 몸과 손의 간격은 스윙 중 몸과 팔의 약간은 자유로운 스윙을 위해 주먹 약 2~3개 정도가 적절하다. 그러면 겨드랑이가 적절히 떨어져 스윙 중 몸과 팔의 움직임이 빨라져 비거리가 늘어나게 된다.

4 드라이버와 아이언 스윙의 차이

테이크 백에서 헤드의 움직임(프런트 뷰)

테이크 백에서 헤드의 움직임은 크게 ① 볼의 위치, ② 원의 크기, ③ 척추의 각(프런트), ④ 체중 분배 ⑤ 스탠스의 폭, ⑥ 백스윙 시 어깨의 턴과 손목 코킹의 리듬에 의해서 달라진다.
테이크 백에서 헤드가 낮게 움직이면 쓸어 치는 임팩트가 되고, 가파르게 움직이면 찍어 치는 임팩트가 자연스럽게 구사된다.

테이크 백에서 헤드의 움직임

볼의 위치와 헤드의 움직임

어드레스에서 볼의 위치가 왼발 쪽으로 위치하면 원이 길이져 클럽의 헤드는 볼 뒤를 쓸며 테이크 백이 되고, 반대로 볼이 오른발 쪽으로 위치하면 원이 짧아져 테이크 백이 가팔라진다.

같은 클럽으로 백스윙을 하더라도 볼의 위치가 왼발 쪽에 있는 만큼 완만한 백스윙에 의해 쓸어 치며 임팩트가 되고, 스탠스의 중앙에 있게 되면 가파른 백스윙에 의해 찍어 치는 임팩트가 된다.

볼이 왼쪽에 위치한 만큼 낮게 백스윙된다

클럽의 길이에 따른 헤드의 움직임

어드레스에서 클럽의 길이가 길면 길수록 원의 크기가 커져 헤드는 볼 뒤를 쓸며 테이크 백이 되고, 반대로 클럽의 길이가 짧을수록 원의 크기가 작아져 테이크 백은 가파르게 된다.

클럽의 길이에 따라 원의 크기가 달라진다

같은 볼의 위치라도 클럽의 길이가 달라지면 백스윙 시 원의 크기가 달라지므로 긴 클럽은 쓸어 치며 임팩트가 되고, 짧은 클럽은 찍어 치는 임팩트가 된다.

척추의 각에 따른 헤드의 움직임

어드레스에서 척추의 각이 오른쪽으로 기울어질수록 헤드는 볼 뒤를 쓸며 테이크 백이 되고, 반대로 척추의 각이 왼쪽으로 세워질수록 테이크 백은 가파르게 된다.

같은 볼의 위치와 클럽의 길이가 같아도 척추의 각이 많으면 그만큼 백스윙이 완만해져서 쓸어 치는 임팩트가 된다.

같은 볼의 위치와 클럽의 길이가 같아도 척추의 각이 적으면 그만큼 백스윙이 가팔라져서 찍어 치는 임팩트가 된다.

체중 분배에 따른 헤드의 움직임

어드레스에서 체중이 오른발에 많이 실어질수록 헤드는 볼 뒤를 쓸며 테이크 백이 되고 반대로 체중이 왼발에 많이 실릴수록 테이크 백은 가파르게 된다.

오른발에 체중이 많으면 그만큼 백스윙이 완만해져서 쓸어 치는 임팩트가 된다.

왼발에 체중이 많으면 그만큼 백스윙이 가팔라져서 찍어 치는 임팩트가 된다.

어깨의 턴과 손목의 코킹에 의한 헤드의 움직임

테이크 백에서 어깨의 턴이 길고 많을수록 볼 뒤를 쓸며 테이크 백이 되고, 테이크 백에서 손목의 코킹이 빨라지고 많을수록 테이크 백은 가파르게 된다.

손목의 코킹이 빨라지면 가팔라진다

백스윙을 어깨의 턴 그리고 최대한 빠르게 손목의 코킹이 시작되면 헤드는 빠르고 가파르게 올라가 찍어 치는 임팩트가 된다.

손목의 코킹이 느려지면 완만해진다

백스윙을 어깨의 턴 이후 천천히 손목의 코킹이 시작되면 헤드는 느리고 완만하게 올라가 쓸어 치는 임팩트가 된다.

테이크 백에서 피칭의 움직임 ─ 어깨의 원 - 손목의 원을 그린다

척추의 각 약 2도

어깨 넓이보다 좁다

볼 중앙에서 오른쪽으로

체중 약 60% 이상

피칭은 클럽이 짧고 볼의 위치가 중앙이나 오른발 쪽에 위치하며 척추의 각이 작으며 체중은 왼발에 약 70% 실려 있다.

백스윙을 어깨의 턴 그리고 최대한 빠르게 손목의 코킹이 시작되면 헤드는 빠르고 가파르게 올라가고 다운 시 찍어 치는 임팩트가 된다.

테이크 백에서 아이언의 움직임 — 어깨의 원 - 손목의 원을 그린다

아이언은 클럽이 짧고 볼의 위치가 중앙에 위치하며 척추의 각이 작으며 체중은 왼발에 약 60% 실려 있다.

백스윙에서 어깨 턴 다음에 손목의 코킹이 시작되면 헤드는 조금은 가파르게 올라가고 다운 시 적절히 찍어 치는 임팩트가 된다.

테이크 백에서 롱 아이언, 우드의 움직임 — 어깨의 원 - 손목의 원을 그린다

우드는 클럽이 길고 볼의 위치가 중앙에서 왼발 사이에 위치하며, 척추의 각은 조금 오른쪽으로 기울어져 있으며 체중은 양발의 중앙에 분배된다.

백스윙을 어깨의 턴 그리고 헤드가 오른발을 빠져나가기 바로 전 손목의 코킹이 시작되면 헤드는 조금은 완만하게 올라가고 다운 시 적절히 쓸어 치는 임팩트가 된다.

테이크 백에서 드라이버의 움직임 — 어깨의 원 - 손목의 원을 그린다

드라이버는 클럽이 길고 볼의 위치가 왼발 뒤꿈치에 위치하며 척추의 각은 오른쪽으로 기울어져 있으며 체중은 오른발에 60%가 실려 있다.

백스윙에서 어깨의 턴, 그리고 헤드가 오른발을 빠져나가면서 손목의 코킹이 시작되면 헤드는 완만하게 올라가고 다운 시 쓸어 치는 임팩트가 된다.

결국 타법에 따른 어드레스를 취하고 백스윙 시 세 개의 원 중 어깨의 원에 손목 원을 연결하는 타이밍에 따라 클럽 헤드는 볼 뒤를 쓸어 빠지거나 빠르게 올라가며 백스윙 된다. 따라서 테이크 백에서 클럽 헤드의 움직임은 곧 스윙의 타법에 직결된다.

이렇게 테이크 백을 쓸거나 올리려면 ① 볼의 위치 ② 클럽의 길이 ③ 척추의 각 ④ 체중 분배 ⑤ 스탠스의 폭 ⑥ 백스윙 시 어깨 턴과 손목 코킹의 빠르기에 의해 다양한 타법을 구사할 수 있다.

테이크 백에서 헤드의 움직임(백 뷰)

테이크 백에서 헤드의 움직임은 크게 세 가지에 의해 달라진다. ① 척추와 손목의 각(백뷰), ② 척추의 각(프론트), ③ 백스윙 시 어깨의 턴과 손목 코킹의 리듬이다. 따라서 테이크 백에서 헤드가 완만하게 인으로 올라가면 쓸어 치는 임팩트가 되고, 가파르게 올라가면 찍어 치는 임팩트가 된다.

테이크 백에서 헤드의 움직임

척추 각(백뷰)에 따른 헤드의 움직임

척추 각의 정도에 따라 백스윙의 궤도가 달라진다

척추의 각이 세워지면 어깨의 턴도 척추와 같이 플랫하게 옆으로 턴 되므로 백스윙의 궤도가 인으로 올라가고 다운 시 쓸어 치며 임팩트된다.

척추의 각이 숙여지면 어깨의 턴도 척추와 같이 업라이트하게 아래위로 턴 되므로 백스윙이 가팔라져서 가파르게 찍어 치며 임팩트된다.

척추의 각(프런트뷰)에 따른 헤드의 움직임

척추 각이 많은 헤드의 움직임

어드레스에서 척추가 오른쪽으로 많이 기울어지면 오른쪽 어깨도 그만큼 기울어진다.
어깨의 턴으로 백스윙이 시작되면 왼쪽 어깨가 오른쪽 어깨쪽으로 턴이 되어 플랫한 백스윙이 된다. 따라서 다운 시 쓸어 치는 임팩트가 된다.

척추 각이 작은 헤드의 움직임

어드레스에서 척추가 세워지면 오른쪽 어깨도 그만큼 세워진다.
어깨의 턴으로 백스윙이 시작되면 왼쪽 어깨가 오른쪽 어깨 쪽으로 턴이 되어 업라이트한 백스윙이 되므로 다운 시 찍어 치는 임팩트가 된다.

어깨의 턴과 손목의 코킹에 의한 헤드의 움직임

테이크 백에서 어깨의 턴과 손목 코킹의 움직임은 백스윙의 궤도를 업라이트하게 하느냐 아니면 플랫하게 하느냐를 결정짓는다. 테이크 백에서 어깨의 턴이 빠르고 손목의 코킹이 느리면 플랫한 백스윙이 이루어지고, 어깨의 턴이 느리고 손목의 코킹이 빠르면 업라이트한 백스윙이 이루어진다.

손목의 코킹이 빨라지면 백스윙은 가팔라진다

어깨 턴이 많아지면 백스윙은 완만해진다

백스윙에서 최대한 빠르게 손목의 코킹이 시작되면 어깨의 턴은 작아져 헤드는 빠르고 가파르게 올라가고 다운 시 찍어 치는 임팩트가 된다.

백스윙을 어깨의 턴으로 하게 되면 손목의 코킹이 느려지고 작아져 어깨의 턴에 의해 클럽 헤드는 샷 인으로 플랫하게 올라가고 다운 시 쓸어 치는 임팩트가 된다.

테이크 백에서 피칭의 움직임

피칭은 척추와 손목의 각이 깊이 숙여져 있다. 백스윙 시 척추가 숙여진 만큼 어깨의 턴은 가파르게 턴 된다.

어깨의 턴과 동시에 손목의 코킹으로 백스윙이 시작되면 헤드는 가파르게 올라가고 다운 시 찍어 치는 임팩트가 된다.

테이크 백에서 아이언의 움직임

아이언은 척추와 손목의 각이 적절히 숙여져 있다. 백스윙 시 어깨의 턴이 조금은 가파르게 턴 된다.

어깨의 턴 직후 손목의 코킹으로 백스윙이 시작되면 헤드는 조금 가파르게 올라가고 다운 시 찍어 치는 임팩트가 된다.

테이크 백에서 롱 아이언, 우드의 움직임

우드는 척추와 손목의 각이 아이언보다 조금 더 펴져 있다. 그래서 백스윙 시 어깨의 턴은 조금은 완만하게 턴 된다.

어깨의 턴 후 손목의 코킹으로 백스윙이 시작되면 헤드는 조금 완만하게 올라가고 다운 시 쓸어 치는 임팩트가 된다.

테이크 백에서 드라이버의 움직임

드라이버는 척추와 손목의 각이 우드보다 조금 더 펴져 있다. 그래서 백스윙 시 어깨의 턴은 완만하게 움직인다.

어깨의 턴 후 헤드가 오른발을 지나가며 손목의 코킹으로 백스윙이 시작되면 헤드는 완만하게 올라가고 다운 시 쓸어 치는 임팩트가 된다.

톱에서 헤드의 위치(프런트 뷰)

톱에서 클럽 헤드의 위치는 크게 ① 어깨 턴의 크기, ② 손목 코킹의 정도, ③ 팔의 접힘에 의해서 달라지게 된다. 그래서 톱에서 헤드를 적절히 높여 비거리를 내는 스윙을 하고 헤드의 높이를 적절히 낮혀 방향성을 위한 스윙을 해야 라운딩 중 필요한 비거리와 정확성을 얻을 수 있다.

톱에서 헤드의 위치

볼에서 먼 헤드의 위치

백스윙 시 어깨의 턴과 손목의 코킹 그리고 팔의 접음을 충분히 하면 3개의 원이 커져 톱에서 헤드의 위치는 지면의 수평보다 내려간다.

충분한 3가지의 턴에서 다운을 하면 톱에서 헤드의 위치에서 볼까지의 거리가 멀어 가속도가 커져 비거리가 최대로 된다.

톱에서 볼에 가까운 헤드의 위치

원의 길이가 짧아 가속도가 작아진다

백스윙 시 어깨의 턴과 손목의 코킹 그리고 팔의 접힘을 조금씩 작게 하면 3개의 원이 조금은 작아져 톱에서 헤드의 위치는 지면의 수직보다 더 올라간다.

조금은 불충분한 3가지의 원에서 다운하면 톱에서 헤드의 위치에서 볼까지의 거리가 가까워 가속도가 줄어들어 비거리는 조금 떨어진다. 그러나 헤드가 볼에 가까운 만큼 방향성은 좋아진다.

톱에서 피칭과 아이언의 헤드 위치

다양힌 크기의 원을 만들어 가속도를 조절한다

원의 길이가 피칭보다 길어 가속도가 커진다

피칭은 다양한 거리를 공략해야 하므로 백스윙 시 어깨의 턴과 손목의 코킹 그리고 팔의 접음을 조금씩 작고 다양하게 하면 3개의 원이 조금씩 달라지므로 톱에서 헤드의 위치는 다양해진다. 조금은 불충분한 3가지의 원에서 다운을 하면 방향성이 좋아진다.

아이언은 정확성을 요하는 클럽이므로 백스윙 시 어깨의 턴과 손목의 코킹 그리고 팔의 접음을 조금씩 작게 하면 3개의 원이 조금은 작아져 톱에서 헤드의 위치는 지면의 수직보다 더 올라간다. 조금은 불충분한 3가지의 원에서 다운을 하면 방향성이 좋아진다.

톱에서 우드와 드라이버의 헤드 위치

클럽의 길이가 길어 원의 크기가 아이언보다 커서 가속도가 커진다

클럽의 길이가 길어 원의 크기가 우드보다 커서 가속도가 더욱 커진다

우드는 비거리와 정확성을 동시에 요하는 클럽이므로 백스윙 시 어깨의 턴과 손목의 코킹 그리고 팔의 접음을 충분히 하면 3개의 원이 커져 톱에서 헤드의 위치는 지면에 수평이 된다. 충분한 3가지의 턴에서 다운을 하면 비거리가 최대가 되지만 방향성은 약간은 떨어진다.

드라이버는 비거리와 정확성을 동시에 요하는 클럽이므로 백스윙 시 어깨의 턴과 손목의 코킹 그리고 팔의 접음을 충분히 하면 3개의 원이 커져 톱에서 헤드의 위치는 지면에 수평 또는 수평보다 조금 더 내려간다. 충분한 3가지의 턴에서 다운을 하면 비거리가 최대가 되지만 방향성은 약간 떨어진다.

톱에서 클럽 헤드의 위치는 비거리와 방향성에 중요한 역할을 하는데 가속도의 원리에 의해 볼에서 클럽 헤드가 멀면 멀수록, 클럽의 길이가 길면 길수록 다운스윙 중 가속이 빨라져 비거리를 더 멀리 보낼 수가 있다.

이 헤드의 위치는 ① 어깨 턴의 크기 ② 손목 코킹의 정도 ③ 팔의 접힘에 의해서 달라지는데, 크기를 줄이고 연습하면 방향을 잡을 수 있지만 클럽의 용도에 맞게 비거리와 방향성을 얻으려면 비거리를 내는 자세를 충분히 연습해야 한다.

톱에서 어깨 턴의 크기

톱에서 어깨 턴의 크기는 허리의 부드러움 정도에 의해 달라지는데, 백스윙 시 어깨의 턴이 작으면 다운 시 손으로의 다운이 많아져 찍어 치는 스윙이 쉽고, 반대로 어깨의 턴이 커지면 다운 시 몸통의 턴이 많아져 쓸어 치는 스윙이 쉬워진다.

톱에서 어깨 턴의 크기

톱에서 많은 어깨의 턴

백스윙 시 비거리의 파워는 어깨의 턴과 손목의 코킹 그리고 팔의 접음을 충분히 하면 이 3개의 원이 커져 최대의 파워를 저장한 톱이 될 수 있어 비거리를 낼 수 있고 어깨의 턴이 커진 만큼 다운 시 손이나 팔의 움직임보다 몸통의 움직임이 많아져 자연스럽게 쓸어 치는 스윙이 된다.

톱에서 작은 어깨의 턴

백스윙 시 손목의 코킹 그리고 팔의 접음을 충분히 하면 이 2개의 원이 커지고 어깨의 턴은 이 두 개의 원에 딸려 자연스레 원을 그리게 된다. 그러면 백스윙 시 어깨의 턴보다 팔과 손의 움직임이 많아져 다운 시 몸통의 움직임이 조금은 줄어들고 손과 팔의 움직임이 많아져 찍어 치는 스윙이 자연스레 된다.

클럽에 따른 어깨 턴의 크기

백스윙 중 어깨의 턴은 몸통을 많이 사용하게 하여 쓸어 치는 스윙을 하게 하기도 하고 손과 팔을 많이 사용하게 하여 찍어 치는 스윙을 만들기도 한다. 그래서 특히 어퍼블로의 타법과 비거리를 원하는 드라이버는 백스윙 시 어깨의 턴을 잊지 말아야 하며, 아이언의 스윙은 어깨의 턴이 충분히 되면서 다운블로가 된다면 방향성과 비거리를 동시에 얻을 수 있다.

그래서 드라이버와 롱 아이언이나 우드의 백스윙은 어깨의 턴으로 시동을 걸며 손목의 코킹과 팔을 접게 되고, 아이언은 어깨의 턴과 손목의 코킹을 거의 동시에 그리고 팔을 접어 헤드를 백스윙하고, 숏 아이언이나 피칭은 손목의 코킹과 팔의 접음에 어깨는 자연스레 딸려 도는 느낌으로 약간의 변화된 마음으로 백스윙을 하고 스윙을 하면 다양한 클럽의 임팩트를 기분 좋게 느낄 수가 있다.

다운 시 허리의 움직임

다운 시 첫 번째로 움직이는 왼다리를 이용한 허리의 움직임은 ① 척추의 각(프런트뷰) ② 스탠스의 폭 ③ 체중 분배에 의해 조금씩 달라진다. 그래서 다운 시 허리가 턴되며 체중이 왼발로 이동되면 쓸어 치는 임팩트가 되고, 왼발에 체중이 이동되며 허리의 턴이 되면 찍어 치는 임팩트를 자연스레 구사할 수 있다.

다운 시 허리의 움직임

척추의 각(프런트)에 의한 허리의 움직임

어드레스에서 기울어진 척추의 각은 다운에서 허리의 움직임을 빨라지게 하거나 체중의 이동이 빨라지게 하는데, 이는 자연스레 볼을 쓸어 치거나 찍어 치게 하는 역할을 한다.

어드레스에서 척추의 각이 적으면 톱에서도 척추의 각이 작아지고 또한 다운 시 왼발로 체중 이동이 빨라져 허리가 타깃으로 이동되며 찍어 치기 쉬워진다.

어드레스에서 척추의 각이 많으면 톱에서도 척추의 각이 많아지고 또한 다운 시 왼발로 체중의 이동보다 허리의 턴이 빨라져 쓸어 치기 쉬워진다.

스탠스의 폭에 의한 허리의 움직임

어드레스에서 스탠스의 폭은 다운에서 허리의 움직임이 빨라지거나 체중 이동이 빨라지게 하는데 이는 자연스레 볼을 쓸어 치거나 찍어 치게 하는 역할을 한다.

어드레스에서 스탠스의 폭이 좁으면 다운스윙 시 왼발로 체중의 이동이 빨라지고 허리가 타깃으로 이동되며 찍어 치기 쉬워진다.

어드레스에서 스탠스의 폭이 넓으면 다운 시 왼발로의 체중 이동보다 허리의 턴이 빨라져 쓸어 치기 쉬워진다.

체중 분배에 의한 허리의 움직임

어드레스에서 체중 분배는 다운에서 허리의 움직임이 빨라지거나 체중의 이동이 빨라지게 하는데 이는 자연스레 볼을 쓸어 치거나 찍어 치게 하는 역할을 한다.

어드레스에서 왼발에 체중이 많으면 백스윙 시 오른발로 체중의 이동이 적어지고 다운스윙 시 왼발로 체중의 이동이 빨라지고 허리가 타깃으로 이동되며 찍어 치기 쉬워진다.

어드레스에서 오른발에 체중이 많으면 다운 시 왼발로 체중의 이동보다 허리의 턴이 빨라져 쓸어 치기 쉬워진다.

다운 시 허리의 움직임

피칭, 아이언의 다운 시 허리의 움직임

피칭. 아이언의 어드레스에서 척추 각은 서고 스탠스의 폭은 어깨 넓이보다 조금 좁으며 왼발에 체중이 약 70% 정도 실린다.

백스윙 시 오른발로 체중 이동이 적어지고 다운 시 왼발로 체중의 빨라지며 따라서 허리가 타깃으로 이동되어 찍어 치기 쉬워진다.

롱 아이언, 우드의 다운 시 허리의 움직임

우드의 척추 각은 오른쪽으로 살짝 기울어지고 스탠스의 폭은 어깨 넓이가 적절하며 체중이 양발에 5 : 5로 실린다.

백스윙 시 오른발로 체중 이동이 적절히 되고 다운 시 왼발로 체중의 이동과 허리의 턴이 거의 동시에 이루어져 쓸어 치기 쉬워진다.

드라이버의 다운 시 허리의 움직임

드라이버의 척추 각은 오른쪽으로 기울어지고 스탠스의 폭은 어깨 넓이보다 조금 더 넓으며 오른발에 체중이 약 60% 정도 실린다.

다운 시 허리의 턴이 되며 왼발로 체중이 이동되므로 쓸어 치기 쉬워진다.

다운 시 허리의 움직임은 비거리와 방향 그리고 일관성에도 큰 영향을 끼치지만 다운의 시작을 ① 왼발로 체중 이동을 하면서 허리의 턴이 되느냐?(아이언), ② 아니면 체중의 이동과 허리의 턴이 동시에 되느냐?(롱 아이언, 우드), ③ 아니면 허리의 턴을 하면서 왼발로 체중 이동이 되느냐?(드라이버)에 따라 다운블로 아니면 사이드블로 아니면 어퍼블로가 되는 중요한 역할을 한다.

그러므로 스탠스의 폭, 척추의 각, 체중 분배 등 클럽에 따라 약간의 어드레스의 차이를 두고 스윙을 하면 클럽의 길이에 의해 다운 시 자연스레 체중 이동과 허리의 턴이 이루어지므로 억지로 만들 필요는 없다.

리듬

스윙 리듬은 클럽의 길이에 따라 달라진다. 긴 클럽(드라이버)의 다운스윙 시 몸의 턴은 빠르고 헤드는 느려져 쓸어 치게 되고, 반대로 짧은 클럽(피칭)은 다운스윙 시 몸의 턴보다 길이가 짧은 헤드가 빠르게 볼을 찍어 치게 된다.

스윙의 리듬

백스윙의 리듬

백스윙은 어깨의 턴—손목의 코킹—팔의 접음으로 톱을 만드는데 클럽의 길이가 짧으면 빠르고 쉽게 톱이 만들어진다.

백스윙은 어깨의 턴—손목의 코킹—팔의 접음으로 톱을 만드는데 클럽의 길이가 길면 느리고 어렵게 톱이 만들어진다. 그러므로 대체적으로 짧은 피칭은 빠르게 다운되어 당겨지거나 훅류가 많이 나고 긴 드라이버는 느리게 다운되어 밀리거나 슬라이스류가 많이 나게 된다.

다운스윙의 리듬

클럽의 길이가 짧아 원의 크기가 작아지고 몸의 움직임보다 빨라진다

클럽의 길이가 길어 원의 크기가 커지고 몸의 움직임보다 느려진다

클럽의 길이가 짧으면 다운스윙에서 허리의 턴보다 클럽 헤드가 아래로 떨어짐이 빨라 다운블로의 임팩트가 만들어진다.

클럽의 길이가 길면 다운스윙에서 허리의 턴보다 클럽 헤드가 밑으로 떨어짐이 느려 사이드블로의 임팩트가 만들어진다.

클럽에 적절한 스윙의 리듬

클럽의 길이에 따라 빠르고 늦게 헤드가 볼에 떨어지므로 숏 아이언은 스탠스의 중앙에서 오른발 쪽으로 위치시키고 롱 아이언이나 우드, 드라이버는 중앙에서 왼쪽으로 이동하므로 해서 클럽에 따라 리듬 있게 볼을 임팩트하게 되는 것이다.

클럽의 길이에 따라 백스윙과 임팩트할 때까지의 시간이 달라지므로 스윙의 시간적인 리듬을 느껴야 하며 이 클럽들의 리듬은 수많은 연습을 통해 몸의 움직임과 클럽의 움직임을 느낄 수 있도록 해야 한다.

아이언이나 가장 긴 클럽인 드라이버의 스윙은 타법에 따라 어드레스와 스윙이 조금은 다르지만 전체적인 스윙의 리듬은 일관성을 좋게 하는 가장 중요한 마지막 수단이 된다.

5 각 클럽의 스윙

아이언

아이언의 어드레스

① 볼의 위치 : 양 발 뒤꿈치의 중앙에 위치한다.　② 척추의 각도(프론트뷰) : 아이언의 길이에 따라 2~5도 정도 오른쪽으로 기운다.
③ 척추의 각도(백뷰) : 아이언은 길이가 짧아 척추의 각이 많아진다.　④ 스탠스의 폭 : 어깨 넓이 보다 조금 좁게 선다.
⑤ 체중 분배 : 왼발 6 : 오른발 : 4

아이언의 백스윙

⑥ 테이크 백에서 헤드의 움직임(프론트 뷰) : 짧은 아이언일 수록 빠르게 들림
⑦ 테이크 백에서 헤드의 움직임(백 뷰) : 짧은 아이언일 수록 가파르게 들리며 안쪽으로 빠짐
⑧ 톱에서 헤드의 위치(프론트 뷰) : 지면과 수평 또는 위로 약간 기울어짐
⑨ 톱에서 왼팔의 위치(백 뷰) : 오른쪽 어깨에 왼팔이 겹침

아이언의 다운스윙

⑩ 다운 시 허리의 움직임 : 다운 시 체중 이동 되며 허리 턴.   ⑪ 리듬 : 몸보다 클럽 헤드의 움직임이 빨라진다.

아이언 어드레스를 적절히 하고 아이언의 임팩트는 다운블로가 되어야 하므로 다운 시 왼발을 축으로 팔과 손으로 직접 헤드를 떨어뜨려 볼을 찍어 주며 허리의 턴을 유도하면 다운블로가 확실해진다.
그러나 볼에 너무 깊이 찍어 치면 팔과 손의 움직임이 너무 빠르고 허리의 턴이 너무 느린 것이므로 허리의 턴을 조금 더 빠르게 하면 적절한 다운블로가 되어 임팩트가 좋아진다. 또한 이때 뒤땅이 난다면 왼발의 축과 왼발로 체중 이동이 느린 것이므로 왼발의 체중 이동을 확실히 하면 최상의 구질과 임팩트를 느낄 것이다. 결국 아이언 샷은 보조 동력인 팔 그리고 손과 주동력인 강력한 허리의 턴이 동시에 볼을 직접 찍어 주며 엔진을 가동시킬 때 최대의 파워와 최상의 임팩트가 됨을 명심하자.

롱 아이언, 우드 스윙

롱 아이언, 우드의 어드레스

① 볼의 위치 : 스탠스의 중앙과 왼발 뒤꿈치 사이에 위치한다. ② 척추의 각도(프론트뷰) : 4~7도 정도 오른쪽으로 기운다.
③ 척추의 각도(백뷰) : 아이언보다 길이가 길어 척추의 각이 조금 작아진다.
④ 스탠스의 폭 : 어깨 넓이 또는 조금 넓게 선다. ⑤ 체중 분배 : 왼발 5 : 오른발 : 5

롱 아이언, 우드의 백스윙

⑥ 테이크 백에서 헤드의 움직임(프론트 뷰) : 바닥을 타고 낮게 빠짐
⑦ 테이크 백에서 헤드의 움직임(백 뷰): 바닥을 타고 낮게 천천히 안쪽으로 빠짐
⑧ 톱에서 헤드의 위치(프론트 뷰) : 지면과 수평
⑨ 톱에서 왼팔의 위치(백 뷰) :오른쪽 어깨와 왼팔이 겹침

롱 아이언, 우드의 다운스윙

⑩ 다운 시 허리의 움직임 : 왼발로 체중이과 허리의 턴이 동시에 시작.　⑪ 리듬 : 몸과 클럽 헤드의 움직임이 거의 비슷하다.

우드 어드레스를 적절히 하고 우드의 임팩트는 사이드블로가 되어야 하므로 다운 시 왼발을 축으로 허리의 턴과 팔과 손으로 직접 볼을 살짝 찍어 주듯 쓸어 주면 사이드블로가 확실해진다.

그러나 토핑이 난다면 허리의 턴은 좋은데 볼에 팔과 손을 덜 뻗은 상황이라 볼 수 있으므로 허리의 턴은 최상으로 유지하고 두 팔과 손을 이용해 헤드를 과감히 볼에 던져 주면 적절한 사이드블로가 되어 임팩트가 좋아진다. 또한 이때 뒤땅이 난다면 왼발의 축과 왼발로 체중 이동이 느린 것이므로 왼발의 체중 이동을 확실히 하면 최상의 구질과 임팩트를 느낄 것이다.

결국 롱 아이언이나 우드 샷은 주동력인 강력한 허리의 턴에 팔과 손이 볼에 살짝 찍어 주듯 쓸며 보조 동력을 가동시킬 때 최대의 파워와 최상의 임팩트가 됨을 명심하자.

드라이버 스윙

드라이버의 어드레스

① 볼의 위치 : 왼발 뒤꿈치에 위치 한다.　② 척추의 각도(프론트뷰) : 드라이버는 5~8도 정도 오른쪽으로 기운다.
③ 척추의 각도(백뷰) : 우드보다 길이가 길어 척추의 각이 더 작아진다.
④ 스탠스의 폭 : 어깨 넓이보다 넓게 선다.　⑤ 체중 분배 : 왼발 4 : 오른발 6

드라이버의 백스윙

⑥ 테이크 백에서 헤드의 움직임(프론트 뷰) : 바닥을 타고 낮게 빠짐
⑦ 테이크 백에서 헤드의 움직임(백 뷰) : 바닥을 타고 낮게 천천히 안쪽으로 빠짐
⑧ 톱에서 헤드의 위치(프론트 뷰) : 지면과 수평 또는 밑으로 약간 기울어짐
⑨ 톱에서 왼팔의 위치(백 뷰) : 오른쪽 어깨와 왼팔이 겹침

드라이버의 다운스윙

⑩ 다운 시 허리의 움직임 : 다운 시 허리가 턴 되며 체중 이동.　⑪ 리듬 : 몸보다 클럽 헤드의 움직임이 느려진다.

드라이버 어드레스를 적절히 하고 드라이버의 임팩트는 사이드 또는 어퍼블로가 되어야 하므로 다운 시 허리의 턴으로 시동을 걸고 다음 팔과 손으로 직접 볼을 바닥의 일정한 높이를 지나가듯 쓸어 주면 사이드 또는 어퍼블로가 확실해진다. 그러나 찍혀 임팩트된다면 허리의 턴보다 팔과 손의 사용이 많은 것이라 볼 수 있으므로 허리의 턴에 주력하면 최상의 임팩트를 느낄 수 있다.

결국 드라이버 샷은 주동력인 강력한 허리의 턴에 팔과 손이 높이를 맞추어 보조 동력을 가동시킬 때 최대의 파워와 최상의 임팩트가 됨을 명심하자.

타법을 이해하고 연습을 해 보면 각 클럽에 맞는 어드레스를 취하고 스윙을 하면 모든 클럽이 비슷하게 움직인다는 것을 알 수 있고 스윙이 자연스레 흐르는 것을 느끼게 될 것이다.
다른 구기 운동과 다르게 골프는 한 개의 기구가 아닌 14개의 클럽으로 스윙을 하게 되므로 각 클럽에 맞는 다양한 방법으로 조금씩 다른 자세가 필요하게 된다.
그러나 어려운 만큼의 즐거움이 같이 공존하고 있으므로 그 어려움만 극복하면 즐거움은 이제 내 것이 될 것이다.

제2부
누구나 쉽게 낼 수 있는 비거리

비거리의 중요성

"퍼팅은 돈, 드라이버는 쇼"라는 옛말이 있다.

이 말은 드라이버는 멋있는 모양을 보여 주는 것이고, 정말 중요한 것은 퍼팅이라는 뜻이다.

당연히 퍼팅은 중요하다. 그런데 현대 골프에서는 비거리도 매우 중요하다. 왜냐하면 예전의 골프장 전장은 약 6,500~7,000야드였지만 지금은 약 7,000~7,500야드로 늘어났기 때문이다. 드라이버 티샷에서 비거리가 짧으면 세컨샷에서 긴 아이언을 잡아야 하므로 온 그린 또는 핀에 가까이 붙일 확률이 떨어져 버디나 파를 할 확률이 줄어들어 좋은 타수를 기대하기 어려워진다. 그만큼 비거리는 골프에서 중요한 요소다.

정확성과 비거리 중에서 당연히 비거리가 먼저다! 항간에는 볼이 똑바로 나가야 타수가 줄어들지 않느냐면서, 우선 똑바로 나가야 라운드를 하지 않느냐며 스윙을 부드럽고 작게 만들어 가는 경우를 볼 수 있다. 그런데 비거리가 짧으면서 똑바로 보내는 골퍼가 과연 스윙 자세가 습관된 뒤에 비거리를 얼마나 낼 수 있을까? 자신이 원하는 방향성 있는 스윙을 만들 수나 있을까? 타수를 얼마나 쉽게 줄일 수 있을까? 과연 싱글의 맛을 볼 수는 있는 것일까? 그러면 반대로 비거리가 좋은 골퍼는 정확성을 만들 수 있을까? 예스! 왜냐하면 헤드 스피드는 올리기는 어려워도 내리기는 쉽기 때문이다.

골퍼 이야기(장타군과 단타군)

성별, 나이와 체격과 힘, 운동신경이 비슷한 두 명의 골퍼가 처음 골프에 입문을 했다.
골퍼 A는 스윙을 부드럽고 간결하게 방향에만 집중하여 스윙을 만들어 드라이버가 아직은 일관성은 없지만 200야드 쯤 보내고 또 한 명의 골퍼 B는 반대로 스윙을 강하고 크게 하여 비거리에만 집중하여 드라이버가 아직은 일관성은 없지만 300야드쯤 보내며 6개월을 연습하고 첫라운드를 나갔다.
결과는 어떻게 되었을까?

A 골퍼는 100타를 기록하고 내용은 O. B 3개, 보기, 더블 보기 등을 기록하고
B 골퍼는 140타를 기록하고 내용은 O. B 10개, 파, 보기, 더블 파 등을 기록했다.
아마도 단타는 타수의 높낮이가 적을 것이고 장타는 타수의 높낮이가 커서 이러한 스코어와 내용이 될 것이다.
연습과 라운드를 계속하면 1년 뒤는 어떻게 될까?
A 골퍼는 87타를 기록하고 내용은 2개의 O. B, 파, 보기, 더블 보기 등을 기록하고
B 골퍼는 87타를 기록하고 내용은 O. B 5개, 버디, 파, 보기, 트리플 등을 기록했다.
연습과 라운드를 계속하면 1년 후는 어떻게 될까?
A 골퍼는 82~87타를 기록하고 내용은 1개의 O. B, 파, 보기, 더블 보기 등을 기록하고
B 골퍼는 75~81타를 기록하고 내용은 O. B 2개, 이글, 버디, 파, 보기, 트리플 등을 기록했다.
결국 시간이 지날수록 타수의 차이는 더욱 커질 것이다.

단타인 A 골퍼가 장타인 B 골퍼보다 골프를 더 잘하고 싶다면 두세 배 이상 더 연습하고 라운딩 또한 두 배 이상 더 나가 숏게임의 달인이 된다면 단타를 숏게임으로 극복하여 장타와 타수가 비슷해질 것이다. 돈과 시간을 훨씬 더 투자해야 하는 것이다.
이제 당신은 무엇을 택하겠는가.

나이 60을 훨씬 넘긴 골퍼가 280야드 넘게 날려 롱 게스트 상을 타고 70대 타수를 기록하는 분들이 꽤 많다. 힘을 타고 나서가 아니다. 비거리와 방향을 동시에 추구했기 때문에 지금까지도 골프의 깊은 맛을 느끼고 즐기고 있는 것이다. 누구나 300야드 이상을 날려야 된다는 것이 아니다. 골퍼마다 성별, 체격, 힘, 유연성, 나이 등이 다 다르므로 자신의 몸에서 낼 수 있는 최대의 헤드 스피드를 찾아 80%를 사용하여 비거리와 정확성을 동시에 얻는 것이 좋다. 현재 대부분의 비기너 골퍼가 능력의 30~50%만 사용하고 있다.

2800야드의 골퍼가 O. B 2개가 된다면 연습과 경력이 쌓이면 0~1개가 나게 된다

2800야드의 골퍼는 세월이 흐르며 거리가 떨어져도 2500야드 이하는 되지 않으므로 어떠한 코스도 재미있게 즐길 수 있다

2200야드의 골퍼는 세월이 지나며 점점 거리가 떨어지므로 골프에 흥미가 없어진다

현재 귀하가 3000야드를 날리고 O. B를 5개가 난다면 ① 거리를 줄이지 말고 비거리의 원리를 정확히 알면서 연습해야 하고 ② O.B가 너무 많이 난다면 스윙 크기를 10~30%만 줄여라. 그러면 O.B가 1~2개로 줄어들 것이다.

1 비거리 메커니즘

누구나 300야드가 넘는 비거리를 꿈꾸지만 거리를 많이 내는 데 반비례하여 정확성이 떨어지는 경우가 많다. 원 골프의 비거리 메커니즘은 감각에 의존하는 스윙이 아니라 과학적 이론과 근육 운동을 근거로 하여 6개의 원을 하나로 일치시켜 몸에 무리 없이 최대한의 파워와 정확성을 갖게 하는 내추럴 스윙이다.

기록으로 보는 최고 비거리(자료 참조)

성명	특징	년도	비거리
앨런 쉐퍼드	달에서 6번 아이언	1971년	2000야드
사무엘 메시우	깃털 볼	1836년	3610야드
톰 와이스코프	마스터즈	1974년	4200야드
크리스 스미스	투어 트레이 중	1999년	4270야드
크레이그 우드	브리티시 오픈	1933년	4300야드
로버트 미테라	파 4홀의 기적의 에이스	1965년	4470야드
잭 햄	기록적인 가장 긴 비거리	1993년	4580야드
마이크 오스틴	내셔널 시니어 오픈	1974년	5150야드
켈리 뮤레이	공항 활주로	1990년	6850야드

위의 표에서 보는 바와 같이 우리가 생각한 것보다 훨씬 더 대단한 기록들이 있다. 이해하기 어려운 부분도 있지만 기록은 기록이다. 특히 1985년 이전에는 볼이나 클럽 등이 그렇게 좋은 조건이 아니었는데도 이렇게 비거리를 낼 수 있다는 것이 놀라운 일이다. 오늘날은 조건이 더 좋아졌으므로 더 비거리를 낼 수 있는 상황이 충분히 되므로 누구나 정확히 알면 지금보다 더 많은 비거리를 낼 수 있으리라 장담한다.

연도별 PGA, LPGA 남, 녀 선수 비거리 기록(투어 중 비거리 1위)

년도	PGA(남자)	비거리	LPGA(여자)	비거리	남, 녀 차이(야드)
2003년	Hank Kuehne	321.4	Annika Sorenstam	269.7	51.7
2004년	Hank Kuehne	314.4	Sophie Gustafson	270.2	44.2
2005년	Scott Hend	318.9	Brittany Lincicome	270.3	48.6
2006년	Bubba Watson	319.6	Karin Sjodin	284.5	35.1
2007년	Bubba Watson	315.2	Karin Sjodin	275.8	39.4
2008년	Bubba Watson	315.1	Lorena Ochoa	269.3	45.8
2009년	Robert Garrigus	312.0	Vicky Hurst	272.5	39.5
2010년	Robert Garrigus	315.5	Michelle Wie	274.5	41.0
2011년	J.B. Holmes	318.4	Yani Tseng	269.2	49.2

*1980년: 274.30야드 *1991년~2002년(10년 동안 1위를 지켜온 "장타자 존 델리" *남과 여의 평균 약 43.90야드의 차이

* PGA, KPGA의 자료 참조

비거리 측정 방법
① 시합 1라운딩 당 2홀 측정
② 맞바람의 티샷 측정
③ 페어웨이, 러프 관계 없이 측정

남, 여 최고 강타자 비거리의 차이가 위의 표에서 나타난 바와 같이 평균 약 44야드이다. 남, 여의 비거리 차이는 어디서 나는 것일까? 위의 표는 투어 프로 골퍼들이기 때문에 스윙의 자세는 각자에 몸에 최대한 적절한 스윙의 자세라 볼 수 있으므로 바로 거리의 차이 약 44 야드는 남녀 간의 근육의 힘 차이가 된다는 것을 알 수 있다.

PGA, KPGA 선수 비거리 기록(2011년)

PGA 비거리		KPGA 비거리	
3000야드 이상	21명	3000야드 이상	0명
2900야드 이상	85명	2900야드 이상	8명
2800야드 이상	62명	2800야드 이상	62명
총 168명		총 70명	

* PGA, KPGA의 자료 참조

위의 표에서 나타난 바와 같이 미국과 한국 투어 프로 골퍼들의 비거리 차이가 280야드를 넘는 미국 프로 골퍼는 168명, 한국 프로 골퍼는 70명이라는 점이 조금은 충격적이다.
그 이유는 어디에서 찾을 수 있을까?
잔디의 종류에 따른 거리 차이? 페어웨이 폭의 차이? 골프장의 난이도? 골프장의 길이? 많은 O.B 지역? 등등 골프장의 차이에 의해 과감한 스윙을 하느냐 아니면 정확하게 보내느냐 가 가장 크게 좌우되지만 또 다른 이유를 찾아보면 미국 선수의 체격과 한국 선수의 체격의 차이에서 오는 거리와 체격에 비례되는 근력의 차이가 큰 비중을 차지하지 않을까 싶다.

위의 차이는 기본적인 차이인데 여기에 마지막으로 한 가지 더 있다고 생각한다. 한국 프로 골퍼와 아마 골퍼들은 정확도와 비거리 중 무엇을 더 중요하게 생각하는가 하는 것이다. 골프를 시작할 때 비거리보다 정확도를 강조하면 비거리는 짧아지고, 정확도보다 비거리를 강조하면 비거리가 좋아진다.
그러므로 비거리를 최대로 내면서 정확한 샷을 꿈꾸어 보자.

여러 아마 골퍼들의 자세

2 거리를 내는 요소

투어 프로 골퍼들의 비거리는 어디에서 나오는가

비거리는 여러 과학적 원리의 조합적인 산물이다. 우선 비거리를 늘리기 위해 가장 이상적이며 과학적 데이터를 가지고 비거리를 내고 있는 PGA 최고 멤버들의 비거리를 내는 데 필요한 요소들을 살펴보자.

PGA투어 프로 골퍼의 예

요소	비거리	헤드 스피드	투사각	로프트	어퍼 각	백스핀
결과	약 300 야드	약 120 마일	11도	8.5도	2.5도	분당 약 2000

세계 유명 프로 골퍼들은 위와 같은 데이터를 자신의 스윙에 접목시켜 힘을 낭비하지 않고 최대의 힘을 볼에 실어 주어 비거리를 내게 되는 것이다.

그럼 우리 아마 골퍼는 어떻게 해야 힘의 손실을 줄여 나의 스윙에서 가장 멀리 보낼 수 있을까? 세계 유명 프로 골퍼의 데이터를 한번 대입해 보자.

요소	비거리	헤드 스피드	투사각	로프트	어퍼각	백스핀
유명 프로 골퍼	약 3000야드	약 120 마일	11도	8.5도	2.5도	분당 약 2,500
남자 아마 골퍼	약 2500야드	약 105 마일	약 14도	12도	2도	분당 약 3,000
여자 아마 골퍼-1	약 2000야드	약 85 마일	약 18도	16도	2도	분당 약 3,200
여자 아마 골퍼-2	약 1600야드	약 70 마일	약 21도	19도	2도	분당 약 3,400

*어퍼블로의 각은 적을수록 헤드 스피드는 빨라짐(어퍼블로가 커질수록 중력을 더 많이 거슬러기 때문이다.)

유명 프로 골퍼와 아마 골퍼 남, 여의 평균 비거리를 유명 프로 골퍼 300, 남자 아마 골퍼 250, 여자 아마 골퍼 200야드로 설정해 보면 수학의 방정식과 같이 위와 같은 등식이 성립되는 것이다.

위의 표에서 중요하게 보아야 할 점은
① 유명 프로 골퍼의 경우, 300야드를 보낼 때 120마일의 헤드 스피드를 내고, 300야드를 보내는 데 적절한 2,500rpm 백스핀을 만들기 위해 클럽의 로프트를 8.5도로, 투사각인 11도를 내기 위해 어퍼블로 각을 2.5도로 하는 스윙을 구사했다.
② 그러면 평균 250야드를 보내는 남자 아마 골퍼의 경우 약 105마일의 헤드 스피드를 내고 있다고 볼 수 있으므로 250야드를 보내는 데 적절한 3,000rpm 백스핀을 만들기 위해 클럽의 로프트를 12도로 하고 투사각인 14도를 내기 위해 어퍼블로 각을 2도로 할 수 있는 스윙을 구사하면 힘의 손실을 줄여 자신의 최대 비거리를 얻을 수 있을 것이다.
③ 또한 평균 200야드를 보내는 여자 아마 골퍼의 경우는 약 90 마일의 헤드 스피드 정도를 내고 있다고 볼 수 있으므로 200야드를 보내는 데 적절한 3,000rpm 백스핀을 만들기 위해 클럽의 로프트를 17도로 올리고 투사각인 19도를 내기 위해 어퍼블로 각을 2도로 할 수 있는 스윙을 구사한다면 지금보다 힘의 손실을 줄여 자신의 최대한 비거리를 얻을 수 있을 것이다.

문제는, 여자 아마 골퍼의 경우 적절한 투사각은 약 21도인데 국내에서 시판되는 드라이버 로프트가 일반적으로 11도이면 어퍼블로로 임팩트해야 하는 각은 약 10도이므로 스윙 중 어퍼블로의 각이 커 그만큼 헤드 스피드가 떨어짐을 알아야 한다. 그래서 최대한 드라이버의 로프트를 높이고 어퍼블로의 각을 적게 하는 것이 스윙 시 헤드 스피드의 효율성을 높이는 과학적 요소가 되는 것이다.(남자 아마 골퍼들의 경우 드라이버의 로프트 각이 작은 것을 선호하는데 이는 어퍼블로 각을 더 올려 스윙해야 하는 비효율적인 스윙이 되므로 최대한 로프트의 각이 많은 것을 사용하여 어퍼블로 각을 작게 하는 것이 적은 힘으로 최대의 효과를 가지는 스윙이 됨을 알아야 한다.)

앞의 등식과 같이 자신의 헤드 스피드에 적절한 백스핀을 만들기 위해 적절한 클럽의 로프트를 선정하고, 자신의 스피드에 적절한 투사각을 만들기 위해 자신의 클럽 로프트를 생각하여 어퍼블로 스윙을 한다면 힘을 분산하지 않고 볼에 임팩트시킬 수 있으므로 최대의 비거리를 낼 수 있다.

그리고 헤드 스피드가 빨라지면 빨라질수록 투사각과 백스핀 양이 달라져야 하므로 클럽의 로프트와 어퍼 각을 적절히 수정해야 한다.

** 참고로 자신의 스윙 제원은 국내에 있는 〈발사 모니터〉에서 확인할 수 있다.

비거리를 내는 4가지 요소

드라이버 티 샷을 할 때 비거리를 결정하는 4가지 요소는 크게 ① 임팩트 이후 볼이 날아가는 각도 ② 볼의 백스핀 ③ 클럽 페이스와 볼의 정확한 임팩트 ④ 헤드 스피드이다.

그러나 그린을 공략하는 아이언 샷은 조금은 다르다. 그 이유는 페어웨이를 공략하는 드라이버 샷은 거리를 멀리 보내는 샷이고 그린 위의 핀을 공략하는 아이언 샷은 핀에 가까이 붙여야 하므로 볼이 그린 위에 떨어져 많이 굴러가는 것보다 떨어져 높은 탄도와 백스핀에 의해 바로 서거나 오히려 딸려오는 것이 더욱 핀의 공략에 유리해지므로 탄도가 높고 백스핀이 많이 걸려야 하고, 또한 보내야 하는 그린까지의 거리가 달라 여러 개의 아이언을 사용하므로 로프트가 다 달라서 투사각과 백스핀은 달라진다.
그러나 클럽 페이스와 볼의 정확한 임팩트 그리고 헤드 스피드가 빨라야 하는 것은 공통이다.

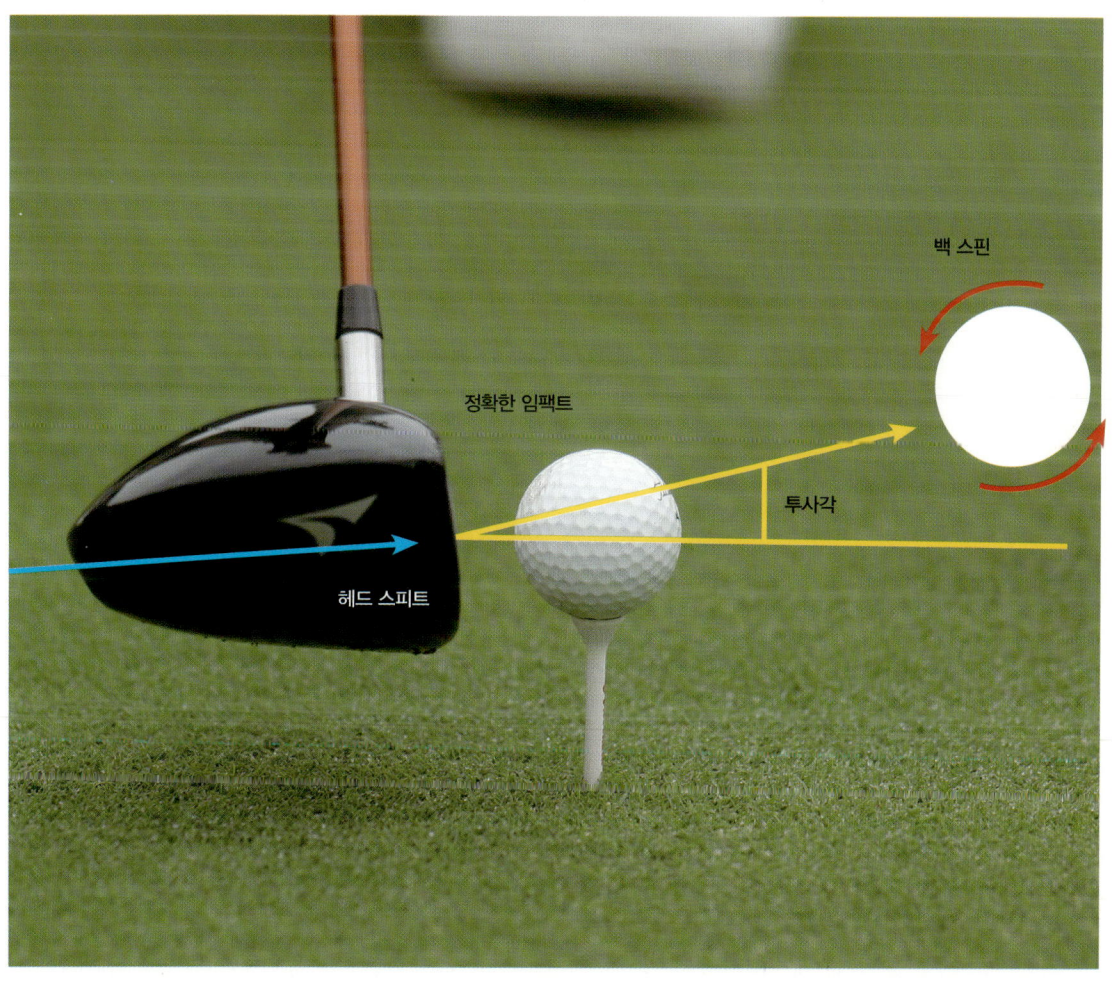

3 임팩트 이후의 투사각

투사각

임팩트 이후 볼의 투사각은 어느 정도가 적합할까? 투사각은 드라이버의 로프트와 + 어퍼블로의 각으로 이루어지는데 적절한 투사각으로 헤드 스피드의 손실을 줄여 비거리를 최대한 늘릴 수 있다.

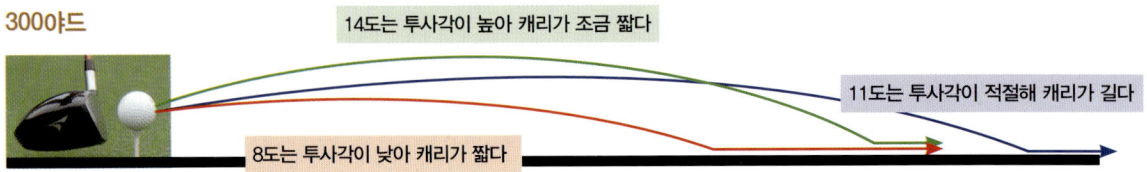

헤드 스피드 약 120마일(약 3000야드)의 투사각은 약 11도 정도라고 앞에서 이야기했는데 만약 14도 정도로 투사되었다면 백스핀까지 걸려 있으므로 더 뜨게 되어 캐리가 떨어지게 되며 8도 정도로 투사되면 빠르게 지면에 떨어지게 되어 캐리가 줄어든다.

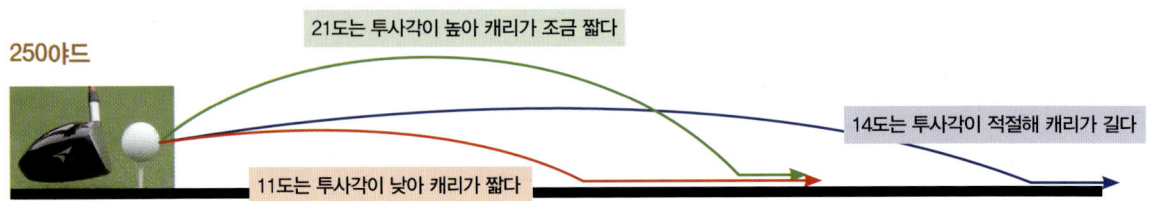

헤드 스피드 약 105마일(약 2500야드)의 투사각은 약 14도 정도라고 앞에서 이야기했는데 만약 21도 정도로 투사되었다면 백스핀까지 걸려 있으므로 더 뜨게 되어 캐리가 떨어지게 되며 11도 정도로 투사되면 빠르게 지면에 떨어지게 되어 캐리가 줄어든다.

위의 내용과 같이 헤드 스피드가 빨라지면 투사각이 낮아지고 헤드 스피드가 느려지면 투사각이 높아져야 최대의 비거리를 낼 수 있다. 그러므로 헤드 스피드가 느린 아마 골퍼가 헤드 스피드가 빠른 프로 골퍼 같은 낮은 탄도의 볼을 원하면 거리는 자연스레 떨어진다.

투사각을 형성하는 조건

투사각을 형성하는 조건은 ① 드라이버의 로프트 각에 의한 것, ② 볼에 접근하는 클럽 헤드의 어퍼블로의 각도, 이렇게 2가지로 결정된다.

드라이버의 로프트 각과 투사각

드라이버와 투사각 9도

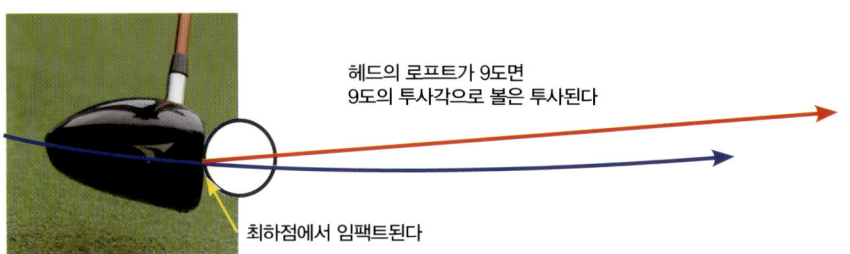

임팩트 지점이 최하점일 때를 기본으로 하여 로프트가 9도면 출발을 지면에서 9도의 각으로 날아가다 9도만큼의 백스핀에 의해 조금 더 뜨게 된다.(이때 스피드가 빠르면 더 뜨게 된다.)

드라이버와 투사각 12도

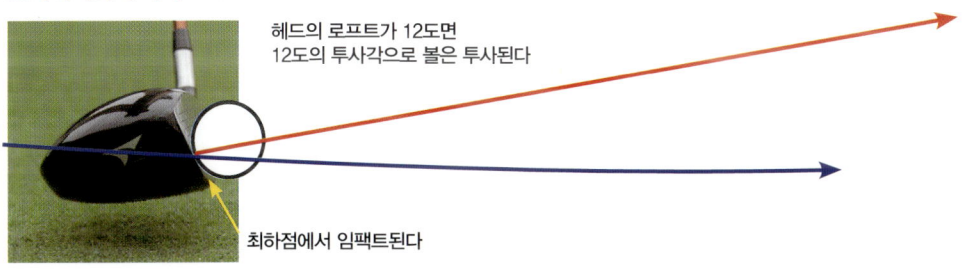

임팩트 지점이 최하점일 때를 기본으로 하여 로프트가 12도면 출발을 지면에서 12도의 각으로 날아가다 12도만큼의 백스핀에 의해 조금 더 뜨게 된다.(이때 스피드가 빠르면 더 뜨게 된다)

이렇게 투사각은 드라이버의 로프트에 의해 생기고 또한 로프트만큼 백스핀도 동시에 걸린다. 그래서 자신의 헤드 스피드에 맞는 적절한 로프트를 찾아야 적절한 투사각과 백스핀을 만들 수 있다.

어퍼블로 각과 투사각

시계 추(진자)

진자에서와 같이 추를 지면의 수평에서 놓으면 최하점까지 서서히 가속이 생기다 최하점에서 최고의 속도를 내고 다시 최하점을 지나면서 지구의 중력에 의해 점점 속도가 떨어진다. 이와 같이 스윙의 최하점은 헤드 스피드의 최고 지점으로 보면 된다.

드라이버와 투사각 9도 최하점 임팩트

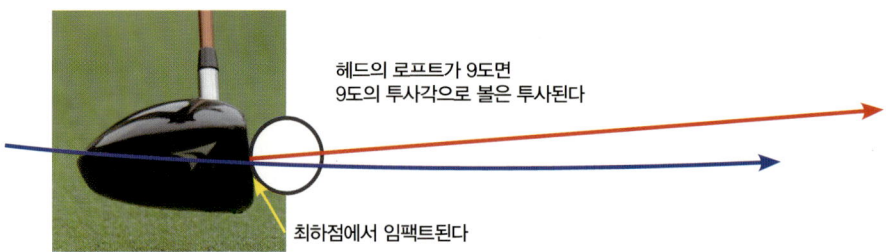

드라이버 로프트 9도를 기본으로 최하점일 때 임팩트되면 9도의 각으로 날아가다가 9도만큼의 백스핀에 의해 조금 더 뜨게 된다. (중력에 의해 스윙 중 최하점에서의 임팩트가 가장 빠른 헤드 스피드를 낸다.)

드라이버와 투사각 18도 어퍼블로 9도 임팩트

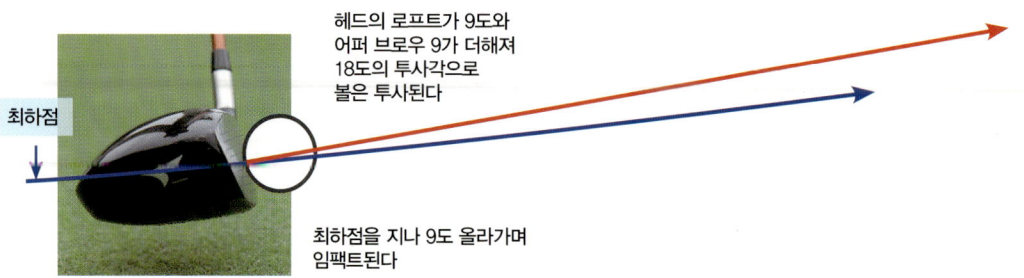

드라이버 로프트 9도를 기본으로 어퍼블로 9도일 때 임팩트되면 로프트 9도 + 어퍼블로 9도 = 총 18도의 각으로 날아가다가 9도만큼의 백스핀에 의해 조금 더 뜨게 된다. (중력에 의해 스윙 중 최하점을 많이 지나서 임팩트될수록 헤드 스피드는 떨어진다.)

드라이버의 로프트 각 + 어퍼블로 각과 투사각

드라이버 14도 어퍼블로 없는 투사각 14도

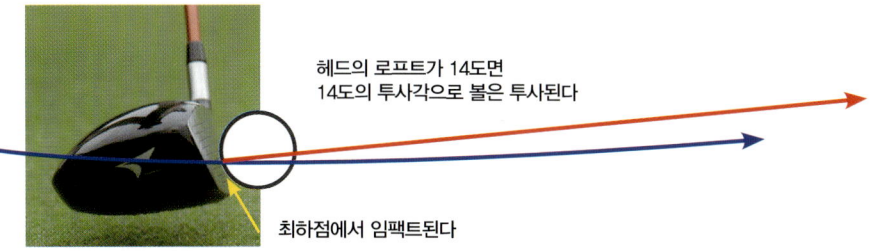

헤드의 로프트가 14도면 14도의 투사각으로 볼은 투사된다

최하점에서 임팩트된다

남자 아마의 적절한 투사각인 14도를 만들기 위해 로프트가 14도인 드라이버로 최하점에서 임팩트되면 어퍼블로 각은 0도가 되어 원하는 14도의 투사각을 만들 수 있다. 드라이버 최하점 스윙의 장점은 임팩트가 최하점이므로 헤드 스피드가 최고일 때 임팩트되어 거리의 손실이 최소화되지만 로프트의 각도가 커 백스핀 량이 많아 투사 이후 볼이 많이 떠 거리의 손실을 보는 단점이 있다.

드라이버 7도 어퍼블로 8도 투사각 15도

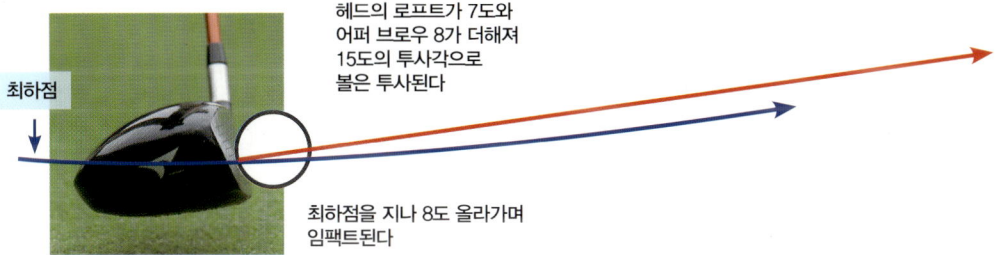

최하점

헤드의 로프트가 7도와 어퍼 브로우 8가 더해져 15도의 투사각으로 볼은 투사된다

최하점을 지나 8도 올라가며 임팩트된다

남자 아마 골퍼의 적절한 투사각인 14도를 만들기 위해 프로와 같은 로프트가 약 8도인 드라이버로 최하점을 지나 어퍼블로 6도로 임팩트되면 원하는 14도의 투사각을 만들 수 있다. 그러나 1)과 반대로 7도 어퍼블로해야 하므로 중력에 의한 힘의 손실이 매우 많고, 로프트의 각도가 작아 백스핀량이 적어지므로 거리의 손실을 보게 되는 단점이 있다. 결국 많이 어퍼블로되고 백스핀이 적어 이중으로 손실을 가져오게 된다.

결국 투사각을 만드는 조건은 ① 클럽의 로프트 ② 어퍼블로 각인데 너무 과하거나 너무 작아도 그만큼 손실을 보게 된다.

드라이버 12도, 어퍼블로 2도, 투사각 14도

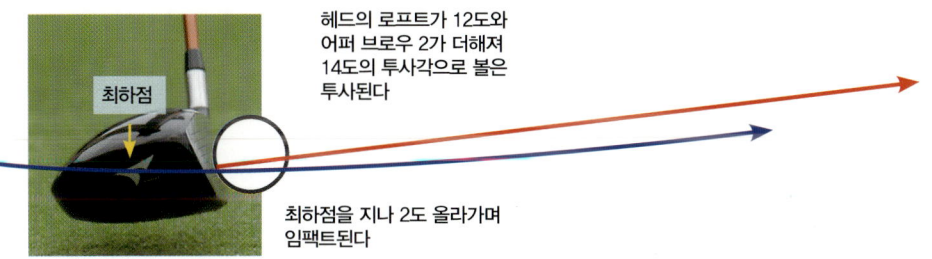

최하점

헤드의 로프트가 12도와 어퍼 브로우 2가 더해져 14도의 투사각으로 볼은 투사된다

최하점을 지나 2도 올라가며 임팩트된다

남자 아마 골퍼의 적절한 투사각인 14도를 만들기 위해 앞의 표에서 이야기한 드라이버 로프트가 약 12도인 드라이버로 최하점을 지나 어퍼블로 2도로 임팩트하면 가장 효과적인 원하는 14도의 투사각을 만들 수 있다. 드라이버 12도의 로프트는 적절한 백스핀 3,000을 만들어 주고 드라이버 로프트로 모자라는 투사각 14도 중 2도는 어퍼블로로 채워 준다면 가장 이상적인 스윙이라 할 수 있다.

어퍼블로 각을 만드는 어드레스

볼의 위치

어퍼블로를 만드는 자세는 여러 가지가 있는데 각 골퍼의 신체 조건에 따른 준비가 필요하다. 볼의 위치가 왼발 쪽이면 어퍼블로가 커지고 볼이 오른발 쪽으로 이동되면 어퍼블로가 작아지는 임팩트가 된다.

어드레스에서 볼이 스탠스의 2/3의 왼발 위치에 있으면 임팩트에서 최하점에 가까워진다.

반대로 볼이 스탠스의 왼발에서 왼쪽으로 멀어질수록 어퍼블로는 심해진다. 따라서 중력에 의해 스피드는 떨어진다.

볼의 위치는 타법에 따라 조금씩 다르지만 드라이버는 왼발 뒤꿈치가 약간의 어퍼블로를 만드는데 적절하다. 그러나 여러 가지 다른 자세와 스윙 중 체중 이동의 정도에 따라 어퍼블로의 각은 조금씩 달라진다.

체중의 위치

어드레스에서 체중의 위치는 클럽에 따라 볼을 임팩트하는 타법에 따라, 그리고 보내고 싶은 탄도에 따라 조금씩 달라진다.

어드레스 시 어퍼블로로 볼을 띄우고 싶을 때는 오른발에, 다운블로로 볼을 낮게 보내고 싶을 때는 왼발에 미리 체중을 미리 싣고 스윙을 하면 스윙 중 자연스런 체중의 움직임에 의해 스윙의 타법이 적절하게 이루어진다.

찍으며 임팩트된다

어드레스에서 체중을 왼발에 많이 실리면 그만큼 다운 시 체중 이동이 빨라져 다운블로가 되기 쉽다.

올라가며 임팩트된다

반대로 체중이 오른발에 많이 실리면 그만큼 다운 시 체중 이동이 어려워 어퍼블로가 심해진다.

약간 올라가며 임팩트된다

체중의 위치는 타법에 따라 조금씩 다르지만 오른발에 약 60% 정도가 약간의 어퍼블로를 만드는데 적절하다. 그러나 여러 가지 다른 자세와 스윙 중 체중 이동의 정도에 따라 어퍼블로는 조금씩 달라진다.

척추의 각

어드레스에서 척추는 매우 중요한 역할을 한다. 왜냐하면 스윙 중 척추는 그 축이 되기 때문이고 또한 척추의 각은 스윙 시 타법에도 가장 많이 영향을 주기 때문이다. 어드레스에서 척추의 각은 스윙 중 타법에 바로 직결되므로 가장 빠르게 어퍼블로의 정도를 만들 수가 있게 된다.

어드레스에서 척추의 각이 작으면 백스윙이 업라이트하여 다운 시 중력에 의해 다운블로의 임팩트가 되기 쉽다.

반대로 각이 많으면 백스윙이 플랫해져 다운 시 퍼 올려지며 각이 많은 만큼 어퍼블로가 심해진다.

척추의 각은 타법에 따라 조금씩 다르지만 드라이버의 경우 오른쪽으로 약 7도 정도가 약간의 어퍼블로를 만드는 데 적절하다. 그러나 여러 가지 다른 자세와 스윙 중 체중 이동 정도에 따라 어퍼블로 각은 조금씩 달라진다.

스탠스의 폭

어드레스에서 스탠스의 폭은 스윙 중 고속으로 움직이는 몸의 균형을 잡아 주고 체중의 이동을 빠르게 또는 느리게 하여 어퍼블로의 정도를 조절하는 역할을 한다.

어드레스에서 스탠스의 폭이 좁으면 다운 시 왼발로 체중 이동이 빨라져 다운블로 임팩트가 되기 쉽다.

반대로 폭이 넓으면 다운 시 왼발로 체중 이동이 느려지고 허리의 턴이 빨라져 어퍼블로가 심해진다.

스탠스의 폭은 타법에 따라 조금씩 다르지만 드라이버의 경우 어깨 넓이보다 약간 넓으면 약간의 어퍼블로를 만드는 데 적절하다. 그러나 여러 가지 다른 자세와 스윙 중 체중 이동의 정도에 따라 어퍼블로의 각은 조금씩 달라진다.

앞의 여러 어드레스 자세는 스윙의 타법을 구사하는 중요한 역할을 한다.
모든 어드레스를 어퍼블로로 준비하면 너무 심한 어퍼블로가 되어 문제가 되고 너무 다운블로로 준비하면 다운블로가 심해지므로 성별, 연령, 체격, 근력, 유연성 등을 고려하여 자신에게 적절한 어드레스의 조화를 이루는 것이 필요하다.

스윙의 타법은 어드레스 외에 스윙에도 큰 몫을 한다.
① 톱에서 왼팔 높이의 정도
② 톱에서 샤프트의 방향
③ 톱에서 어깨 턴의 정도
④ 다운 시 허리 턴의 빠르기 정도
⑤ 다운 시 왼발로 체중 이동의 빠르기 정도
⑥ 임팩트에서 손목 턴의 빠르기
이상 6가지가 타법에 관여하므로 적절한 조화가 필요하다.

스탠스의 폭

어드레스에서 스탠스의 폭은 스윙 중 고속으로 움직이는 몸의 균형을 잡아 주고 체중의 이동을 빠르게 또는 느리게 하여 어퍼블로의 정도를 조절하는 역할을 한다.

어드레스에서 스탠스의 폭이 좁으면 다운 시 왼발로 체중 이동이 빨라져 다운블로 임팩트가 되기 쉽다.

반대로 폭이 넓으면 다운 시 왼발로 체중 이동이 느려지고 허리의 턴이 빨라져 어퍼블로가 심해진다.

스탠스의 폭은 타법에 따라 조금씩 다르지만 드라이버의 경우 어깨 넓이보다 약간 넓으면 약간의 어퍼블로를 만드는 데 적절하다. 그러나 여러 가지 다른 자세와 스윙 중 체중 이동의 정도에 따라 어퍼블로의 각은 조금씩 달라진다.

앞의 여러 어드레스 자세는 스윙의 타법을 구사하는 중요한 역할을 한다.
모든 어드레스를 어퍼블로로 준비하면 너무 심한 어퍼블로가 되어 문제가 되고 너무 다운블로로 준비하면 다운블로가 심해지므로 성별, 연령, 체격, 근력, 유연성 등을 고려하여 자신에게 적절한 어드레스의 조화를 이루는 것이 필요하다.

스윙의 타법은 어드레스 외에 스윙에도 큰 몫을 한다.
① 톱에서 왼팔 높이의 정도
② 톱에서 샤프트의 방향
③ 톱에서 어깨 턴의 정도
④ 다운 시 허리 턴의 빠르기 정도
⑤ 다운 시 왼발로 체중 이동의 빠르기 정도
⑥ 임팩트에서 손목 턴의 빠르기
이상 6가지가 타법에 관여하므로 적절한 조화가 필요하다.

4 백스핀

임팩트 이후 볼에 걸리는 백스핀은 볼에 양력(볼을 떠 오르게 하는 공기의 힘)을 만들어 조금이라도 더 볼을 오래 공중에 떠 있게 하여 볼을 더 멀리 보내는 역할을 하는데 백스핀이 너무 많거나 적으면 오히려 거리를 떨어뜨리는 부작용을 낳기도 한다.

드라이버의 로프트와 백스핀 그리고 헤드 스피드

드라이버와 투사각 9도

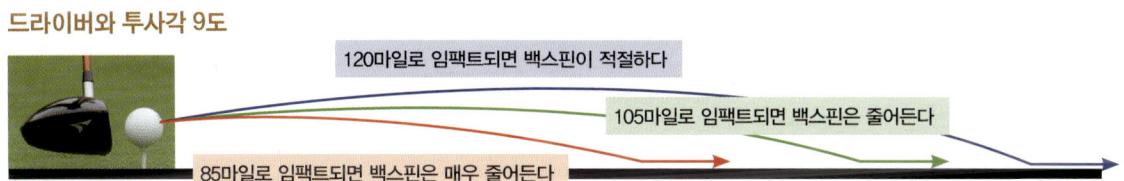

임팩트 지점이 최하점일 때를 기본으로, 헤드 스피드 120마일에 로프트가 9, rpm이 2,500이라고 가정한다면, 스피드 105마일에 로프트가 9도면 rpm이 2,500 이하가 되고, 스피드 85마일에 로프트가 9도면 rpm이 매우 떨어져서 투사각은 로프트의 각 9도 + 어퍼블로 각이 되지만 백스핀이 적을수록 빠르게 볼을 지면으로 떨어진다.

드라이버와 투사각 12도

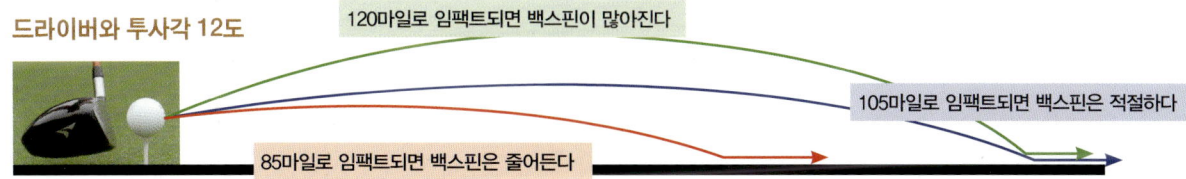

임팩트 지점이 최하점일 때를 기본으로, 헤드 스피드 120마일에 로프트가 12도, rpm이 3,500이라고 가정한다면, 스피드 105마일에 로프트가 12도면 rpm이 약 3,000이 되고, 스피드 85마일에 로프트가 12도면 rpm이 2,500으로 더 떨어져서 투사각은 로프트의 각 12도 + 어퍼블로 각이 되지만 헤드 스피드에 비해 백스핀이 너무 많으면 볼이 너무 높이 떠 거리의 손실을 입게 되고, 백스핀이 적으면 반대로 빠르게 볼이 지면으로 떨어져 거리 손실을 보게 된다.

이렇게 백스핀은 드라이버 로프트의 각에 의해 많아지기도 하고 적어지기도 하지만 위의 설명과 같이 같은 로프트의 드라이버라 하더라도 임팩트에서 헤드 스피드가 달라지면 백스핀의 양도 같이 달라진다.

헤드 스피드와 로프트 그리고 백스핀

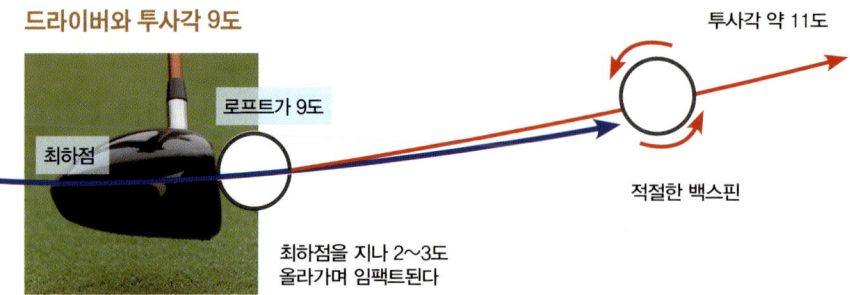

헤드 스피드 120마일에 로프트가 9도면 적절한 약 2,500 rpm의 백스핀이 걸리고 약 2도의 어퍼 각을 추가하면 가장 손실 없는 임팩트가 되어 거리 손실이 줄어든다.

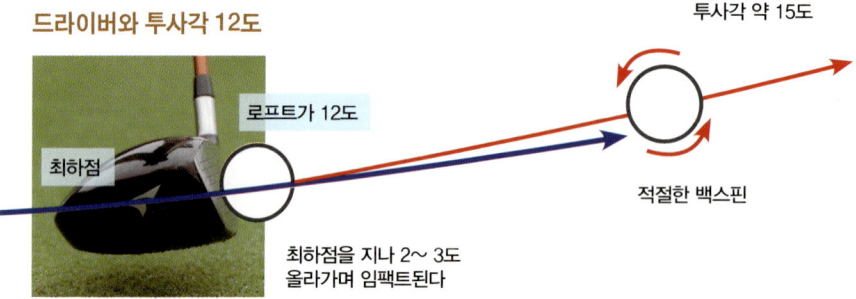

헤드 스피드 105마일에 로프트가 12도면 적절한 약 3,000 rpm의 백스핀이 걸리고 약 2~3도의 어퍼 각을 추가하면 가장 손실 없는 임팩트가 되어 거리 손실이 줄어든다.

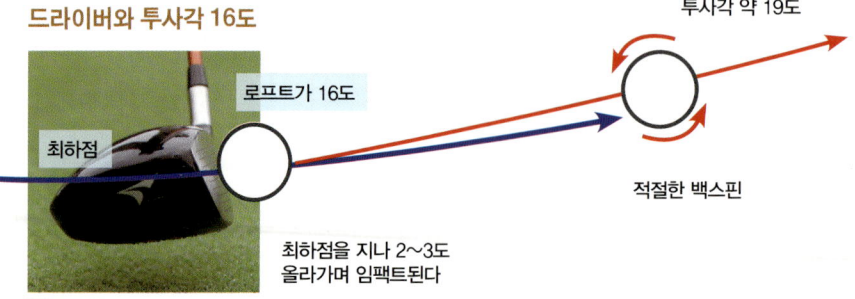

헤드 스피드 85마일에 로프트가 16도면 적절한 약 3,200rpm의 백스핀이 걸리고 약 2~3도의 어퍼 각을 추가하면 가장 손실 없는 임팩트가 되어 거리 손실이 줄어든다.

헤드 스피드가 빨라지면 그만큼 드라이버의 로프트를 줄여 적절한 백스핀을 만들고 헤드 스피드가 느리면 그만큼 드라이버의 로프트를 높여 적절한 백스핀을 만들어야 자신의 스윙에 적절한 백스핀을 만들어 거리의 손해를 줄여야 최대한의 거리를 얻게 된다.

5 정확한 임팩트

거리의 손실

정확한 임팩트란 스윙 시 클럽 페이스의 스윗 스폿(sweet spot : 무게 중심)에 볼이 임팩트되는 것을 말한다.
그러나 볼이 중심에서 벗어나 임팩트 될수록 거리의 손실을 보게 된다.

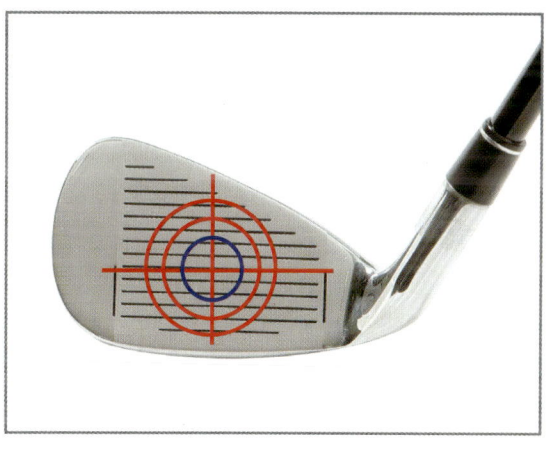

5번 아이언의 경우 1/2인치가 벗어나면 거리가 5%의 감소되고, 1인치가 벗어나면 거리가 10% 감소된다.

드라이버의 경우 1/2인치가 벗어나 임팩트되면 거리가 7% 감소되고 1인치가 벗어나면 거리가 14% 감소된다.

예를 들어 드라이버를 250야드를 날리는 골퍼는 임팩트 시 중심의 1인치 바깥에 볼이 임팩트 될 경우 215야드밖에 날아가지 않게 된다. 그러나 요즘은 아이언과 드라이버의 경우 헤드의 무게를 바깥으로 분산시켜 스윗 스폿을 최대한 넓혀 약간의 실수에도 거리와 방향의 손실을 줄이고 있다.
어떻게 하면 헤드의 중심에 일관되게 볼을 맞출 수 있을지 알아보자.

일관된 스윙을 위한 자세

일정한 스탠스의 폭과 발의 열림

어떠한 클럽을 잡더라도 그 클럽에 적절한 스탠스의 폭과 발의 열림을 항상 똑같이 유지할 수 있어야 한다. 왜냐하면 스탠스의 폭이나 발의 열림이 조금씩 달라지면 백스윙 시 어깨의 턴이나 다운스윙 시 체중의 이동과 허리의 움직임이 조금씩 달라져 일관된 스윙이 어렵기 때문이다.

드라이버의 어드레스 시 스탠스의 폭은 어깨 넓이보다 조금 넓게 하고 왼발은 약 10도 정도 열어 준다.

미들 아이언의 어드레스 시 스탠스의 폭은 어깨 넓이 정도가 적절하고 왼발은 약 10도 정도 열어 준다.

일정한 볼의 위치

스탠스를 항상 똑같이 준비해도 볼의 위치가 어드레스마다 조금씩 달라지면 일관되게 페이스의 중심에 볼을 제대로 맞출 수가 없다. 그 이유는 볼의 위치에 따라 임팩트의 시간과 체중 이동의 정도가 달라지고 임팩트에서 페이스의 로프트와 방향이 달라져 탄도와 구질의 일관성이 떨어지기 때문이다.

드라이버의 어드레스 시 볼의 위치는 왼발 뒤꿈치에 위치한다.

미들 아이언의 어드레스 시 볼의 위치는 스탠스의 중앙에 위치한다.

어드레스 시 일정한 척추의 각도와 손목의 꺾임, 몸과 손의 간격

어드레스 시 척추의 각도와 손목의 각도 그리고 몸과 손의 간격은 클럽에 따라 조금씩 달라지는데 어떤 클럽으로 어드레스를 하든 항상 일정한 기준이 있어야 한다. 그렇지 못하면 헤드의 중심에 볼을 제대로 맞출 수가 없다.

드라이버의 어드레스 시 클럽의 길이가 길어 척추 각이 펴지고 비거리를 위해 몸과 손의 간격이 넓어지며 손목의 각은 펴진다.

아이언의 어드레스 시 드라이버보다 클럽의 길이가 짧아 척추 각이 숙여지고 정확성을 위해 몸과 손의 간격이 좁으며 손목의 각은 드라이버보다 더 꺾인다.

항상 같은 스윙

각 클럽에 적절하게 어드레스했으면 본인의 스윙 모양에 관계없이 일정해야 한다.

전체적인 스윙의 리듬

전체적인 스윙의 리듬이란 스윙 시 전체적인 몸의 움직임의 조화를 의미하는데 이 리듬을 일정하게 하는 것 중 하나는 타이밍이다. 그 이유는 백스윙에서 톱까지 어깨의 턴과 손목의 코킹이 일정하게 끝나는 시간, 그리고 다운스윙에서 왼발로의 체중 이동과 허리의 턴 그리고 손목의 턴이 피니시까지 일정하게 동시에 끝낼 수 있는 시간을 항상 일정하게 해야 하기 때문이다. 또한 연습장에서는 연습을 부드럽게 하는데 필드에서 거리를 멀리 보내기 위해 갑자기 스윙이 빨라지거나 불안한 마음에 의해 몸의 움직임의 리듬이 깨져 정확한 임팩트가 안 되기도 한다. 그래서 스윙을 시작하여 피니시까지 항상 일정한 시간이 걸려야 한다는 것이다.

일관된 체중의 이동과 턴

백스윙 시 오른발로 체중의 이동 속도와 타이밍, 톱에서 다운 시 오른발의 체중이 왼발로 이동되고 턴 되는 속도와 타이밍이 항상 일정해야 일관된 스윙을 할 수 있다. 그러나 갑자기 비거리를 더 내기 위해 다운스윙 시 체중의 이동이 빨라지면 임팩트에서 리듬이 달라져 볼이 밀리기도 하고 당겨지기도 한다.

항상 일관된 피니시

어드레스에서 스윙을 끝내고 흐트러지지 않고 중심을 잡으며 일정하게 피니시할 수 있다면 볼을 항상 일관되게 보낼 수 있다. 그것은 체중 이동의 정도, 허리의 턴, 어깨 턴의 정도, 클럽 샤프트의 방향 그리고 왼발의 무게 중심이 매 샷마다 같다는 증거이다.

체중이 오른발에 있는 피니시

앞으로 쏟아지는 쓰리 쿼트 피니시

어깨가 나가 있는 피니시

왼쪽으로 쏟아지는 쓰리 쿼트 피니시

이렇듯 스윙이 일관되고 중심 잡힌 피니시는 매우 중요하므로 체중을 완벽하게 옮기고 균형을 잡으며 자세를 일정하게 하는 연습을 중요하게 여기고 노력해야 볼을 항상 일정하게 보낼 수 있다.

6 연습과 라운드 전 골프 스트레칭

스트레칭의 정의

스트레칭이란 '잡아늘이다', '잡아당기다' 로 직역되는데, 근육을 잡아당겨 부드럽게 만들어 주는 것이다. 근육은 직접 잡고 당길 수 없으므로 몸의 관절을 비틀거나 당기고 꺾어 줌으로써 뼈에 붙어 있는 근육을 이완시키는 것이다.

스윙하기 전 연습장이나 라운드를 시작하기 전 몸이 풀리지 않은 상태에서 갑작스런 운동으로 인해 부상을 쉽게 입게 되고 몸의 유연성이 떨어져 있어 자세가 나빠지며, 근육의 충분한 이완과 수축이 어려워 거리가 떨어지고 실수가 나므로 충분한 스트레칭으로 몸을 완전히 푼 뒤에 라운드를 시작하거나 연습에 임하면 부상을 예방하고 좋은 점수를 기대할 수 있다.

골프 스트레칭의 효과

① 관절의 활동 범위가 넓어져 운동 수행 능력이 향상되고
② 근육이 이완되어 부상을 예방하며
③ 혈액 순환을 좋게 하여 피로 회복이 좋아져 건강에도 도움이 된다.

골프 스트레칭 시 준수 사항

① 편안한 마음으로 실시한다.
② 무리하게 근육을 당기지 않는다.
③ 스트레칭되는 근육 부위는 힘을 빼고 실시한다.
④ 주 3회 이상 꾸준히 실시한다.
⑤ 부드럽고 천천히 호흡하면서 실시한다.
⑥ 약간의 준비 운동으로 몸을 따듯하게 한 뒤 실시한다.
⑦ 파트너와 경쟁하지 않는다.
⑧ 근육에 반동이 아닌 부드럽고 천천히 당기며 늘여 준다.
⑨ 점점 강하게 실시한다.
⑩ 운동 전에는 부상 방지, 후에는 피로 회복에 좋다.

스트레칭 방법

① 준비 자세
② 스트레칭 할 부위를 천천히 충분히 당긴다.
③ 최고로 근육을 당긴 정점에서 6~12초 간 멈춘다.
④ 서서히 풀어 준다.

몸 풀기 골프 스트레칭의 부위 및 방법

목

목은 스윙의 중심이다. 다운스윙 시 허리의 턴에 의한 어깨의 당김에 의해 항상 큰 충격을 견디어야 하므로 근육이 항상 긴장되고 경직된 상태이므로 충분히 풀어 주어 보다 원활한 스윙을 만들어 준다.

① 준비 : 오른손을 턱에 대고 왼손으로 뒷머리를 잡는다.

② 실시 : 목의 힘을 빼고 밀고 돌려 당겨서 6~12초를 멈춘다. 천천히 풀어 주고 교대로 실시한다.

목, 어깨

목과 어깨는 스윙의 중심과 동력이 되는 중간 역할을 한다. 백스윙에서 어깨의 턴과 다운스윙 시 허리의 턴에 의한 어깨의 당김에 의해 항상 큰 충격을 견디어야 하므로 근육이 항상 긴장되고 경직된 상태이므로 충분히 풀어 주어 보다 원활한 스윙을 만들어 준다.

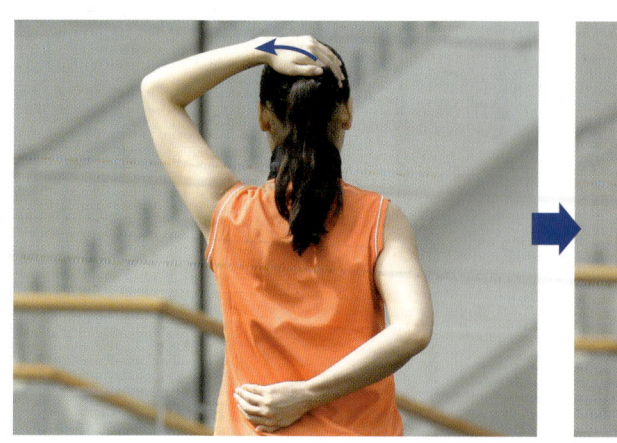 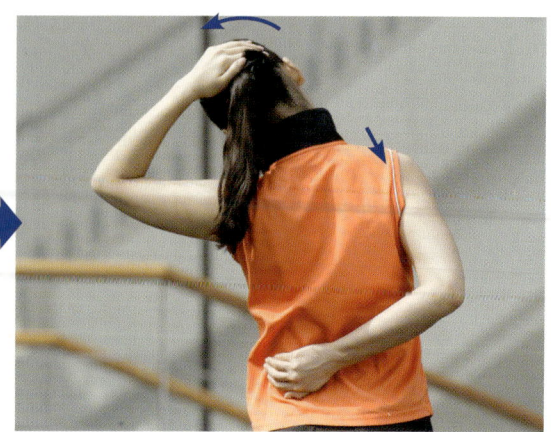

① 준비 : 왼손을 머리를 잡고 오른손은 왼쪽 옆구리를 잡는다.

② 실시 : 왼손을 서서히 당겨서 6~12초 멈춘다. 천천히 풀어 주고 교대로 실시한다.

등

등은 스윙의 동력이 되는 한 부분이다. 백스윙에서 어깨의 턴과 다운스윙 시 허리의 턴에 의한 몸통의 꼬임에 의해 항상 큰 충격을 견디어야 하므로 근육이 항상 긴장되고 경직되어 있으므로 충분히 풀어 주어야 보다 원활한 스윙을 만들 수 있다.

① 준비 : 양팔을 교차하여 어깨를 잡는다.

② 실시-1 : 양손가락을 움직여 최대한 등쪽으로 나아가 등을 양쪽으로 당겨 준다.

③ 실시-2 : 그대로 잡고 몸을 앞으로 숙이며 등을 위로 밀면서 숨을 들이쉬며 등을 팽창하며 6~12초 멈춘다. 천천히 풀어 준다.

가슴, 팔 1

팔은 스윙의 동력이 되는 한 부분을 차지한다. 백스윙에서 클럽 헤드를 올리고 다운스윙 시 중력을 이용해 다시 가속을 주어 헤드를 떨어뜨리는 보조 동력이 되므로 근육이 항상 긴장되고 경직된 상태이므로 충분히 풀어 주어 보다 원활한 스윙을 만들어 준다.

① 준비 : 오른팔을 어깨 높이로 벽에 대고 왼팔은 등뒤로 올린다.

② 실시 : 어깨를 돌릴 수 있는 데까지 돌려 주고 6~12초 멈춘다. 천천히 풀어 주고 교대로 실시한다.

가슴, 팔 2

가슴은 스윙 중 몸통과 팔의 일체감을 위해 중요한 역할을 한다. 백스윙에서 어깨와 팔을, 임팩트에서 몸통과 팔을 일치시켜 일관성을 만들어 주느라 근육이 항상 긴장되고 경직된 상태이므로 충분히 풀어 주어 보다 원활한 스윙이 되게 한다.

① 준비 : 서서 양발을 어깨 넓이로 벌리고 양팔을 벽에 댄다.

② 실시 : 상체를 내릴 수 있는 데까지 내려서 6~12초 멈춘다. 천천히 풀어 준다.

팔

① 준비 : 양팔을 앞으로 뻗어 깍지를 낀다.

② 실시-1 : 깍지 낀 팔을 몸 안쪽으로 돌려 넣어 준다.

③ 실시-2 : 안쪽으로 돌아 뻗어 주고 6~12초 멈춘다. 천천히 풀어 주고 교대로 실시한다.

어깨, 허리

허리는 스윙 중 가장 확실하고 중요한 동력이 되는 매우 중요한 역할을 한다. 다운스윙 시 꼬인 어깨의 턴을 다리와 허리를 이용해 강력한 동력을 만들어 근육이 항상 긴장되고 경직된 상태이므로 충분히 풀어 주면 원활한 스윙을 만들어 준다.

① 준비 : 똑바로 서서 왼쪽 팔꿈치에 오른팔을 댄다.

② 실시-1 : 왼팔은 힘을 빼고 오른팔을 오른쪽 어깨 쪽으로 완전히 당겨서 6~12초 멈춘다.

③ 실시-2 : 2의 상태에서 어깨를 완전히 돌려서 6~12초 멈춘다. 천천히 풀어 주고 교대로 실시한다.

가슴, 어깨, 팔

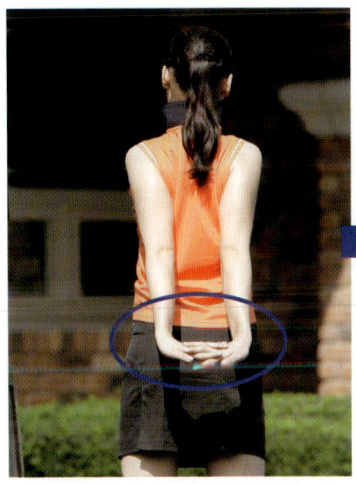  

① 준비 : 양팔을 뒤로 하여 깍지를 끼고 엄지가 밑으로 오도록 돌린다.

② 실시-1 : 벽이나 난간 위에 팔을 똑바로 올린다.

③ 실시-2 : 몸을 천천히 내리고 6~12초 멈춘다. 천천히 풀어 준다.

허리 1

① 준비 : 왼쪽 팔꿈치를 오른쪽 무릎에 댄다.

② 실시 : 팔꿈치로 무릎을 완전히 밀어 6~12초 멈춘다. 천천히 풀어 주고 교대로 실시한다.

허리 2

① 준비 : 양팔을 벌리고 앞으로 몸을 숙인다.

② 실사-1 : 왼손을 오른발 바깥으로 대고 당기면서 오른팔은 왼쪽으로 보낸다.

③ 교대로 실시한다.

팔, 겨드랑이, 허리

① 준비 : 서서 다리를 어깨 넓이로 벌리고 두 팔을 위로 뻗고 오른손으로 왼쪽 팔꿈치를 잡는다.

② 실시-1 : 오른손으로 왼쪽 팔꿈치를 당기고 6~12초 멈춘다.

③ 실시-2 : 2의 상태에서 왼발을 축으로 오른손을 당기면서 허리를 밀고 6~12초 멈춘다. 천천히 풀어 주고 교대로 실시한다.

다리 - 1

다리는 스윙 시 중심을 잡고 스윙의 동력이 되는 허리의 움직임을 시작하고 더 강하게 허리의 턴을 도와주는 중요한 역할을 한다. 백스윙에서 어깨 턴을 할 때 축을 잡아 주고 힘을 축척하며 다운스윙 시 왼발로 체중 이동과 허리 턴의 시동을 거는 주동력이 되므로 근육이 항상 긴장되고 경직되어 있는 상태이므로 충분히 풀어 주어 보다 원활한 스윙이 되게 한다.

① 준비 : 오른발로 서서 왼손으로 왼발을 잡는다.

② 실시 : 손으로 발을 당기면서 엉덩이를 내밀어 주고 6~12초 멈춘다. 천천히 풀어 주고 교대로 실시한다.

다리 - 2

 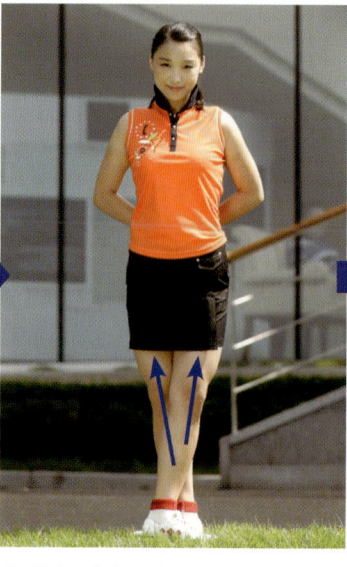 

① 준비 : 왼발가락 쪽을 오른발 뒤꿈치 쪽에 마주 댄다.
② 실시 : 다리를 펴고 6~12초 멈춘다.
③ 완료 : 2의 상태에서 허리를 천천히 돌려 준다. 천천히 풀어 주고 교대로 실시한다.

다리, 엉덩이

엉덩이는 다리와 허리와 함께 스윙 중 가장 확실하고 중요한 동력이 되는 매우 중요한 역할을 한다. 다운스윙 시 꼬인 어깨의 턴을 다리와 허리 그리고 엉덩이를 이용해 강력한 동력을 만들어 근육이 항상 긴장되고 경직된 상태이므로 충분히 풀어 주어 보다 원활한 스윙이 되게 한다.

① 준비 : 서서 다리를 어깨 넓이로 벌리고 양손을 양 무릎에 올린다.
② 실시-1 : 양손으로 무릎을 밀고 6~12초 멈춘다. 천천히 풀어 준다.
③ 실시-2 : 2의 상태에서 몸을 앞으로 양손으로 발목을 잡고 상체를 앞으로 숙이고 6~12초 멈춘다. 천천히 풀어 준다.

종아리

종아리는 스윙 시 중심을 잡고 스윙의 동력이 되는 다리의 움직임을 보좌하고 더 강하게 다리의 움직임을 도와주는 중요한 역할을 한다. 백스윙에서 어깨 턴을 할 때 축을 잡아 주고 힘을 축척하며 다운스윙 시 왼발로 체중 이동과 허리 턴의 시동을 거는 주 동력이 되므로 근육이 항상 긴장되고 경직된 상태이므로 충분히 풀어 주어 보다 원활한 스윙을 만들어 준다.

① 준비 : 양팔을 벽에 대고 다리를 앞뒤로 하고 왼발 바닥을 바닥에 붙인다.

② 실시 : 왼쪽 발바닥을 붙이고 엉덩이를 벽으로 밀어 주고 6~12초 멈춘다. 천천히 풀어 주고 교대로 실시한다.

라운딩 전 또는 연습 전 가장 기본적인 몸 풀기 체조나 스트레칭을 꼭 해 주면 스윙 중 부상을 예방하고 경직된 근육을 풀어 주어 운동 범위가 넓어져 좋은 스윙을 유지하고 최상의 컨디션을 유지하는 데 탁월한 효과를 발휘한다.

7 헤드 스피드

원의 조합과 샷

백스윙에서 3개의 원(어깨, 손목, 팔)과 다운스윙에서 3개의 원(허리, 팔, 손목) 등 우리 몸이 그릴 수 있는 최대의 원인 총 6개의 원을 그리며 스윙해야 큰 힘을 발휘할 수 있는데 이 6가지 원을 잘 조합하면 방향 또는 비거리를 충분히 얻을 수 있다. 각 원의 조합을 알아보자.

2개원으로 하는 스윙(치핑 : 15야드 이내) — 백스윙을 어깨의 원, 다운을 어깨의 원으로 스윙

백스윙을 어깨의 원, 다운을 어깨의 원으로 스윙한다는 것은 어깨 스윙으로 하는 샷이다. 거리가 멀지 않은 약 15야드 안쪽의 거리감과 정확성, 일관성을 위한 치핑에 좋은 효과를 발휘한다.

손목이나 팔을 이용하지 않고 남은 피과의 거리에 맞게 어깨의 턴만으로 샷. 미들 퍼팅 하듯이 백스윙 한다.

왼발의 축과 어깨의 동력으로 임팩트해 보면 축으로부터 헤드까지의 지름이 길어 완만한 원에 의해 임팩트 존이 길어 칭획싱이 높아진다.

스윙 시 2개의 원으로 스윙을 하면 스윙 중 원의 개수가 적고 원의 크기가 작아 헤드 스피드는 느려진다. 그래서 2개의 원 중 힘이 좋은 어깨의 원을 이용하여 거리가 짧은 치핑에 사용하면 일관성 있는 방향을 만들 수 있다.

4개원으로 하는 스윙(피칭 : 30야드 이내)
— 백스윙을 어깨와 손목의 원, 다운을 허리와 손목의 원으로 스윙

백스윙을 어깨와 손목의 원, 다운을 허리와 손목의 원으로 하는 스윙이란 몸통과 약간의 손목의 스윙으로 하는 샷을 말한다. 이것은 거리가 조금 있는 약 30야드 안쪽의 거리감과 정확성 그리고 일관성을 위한 피칭에 좋은 효과를 발휘한다.

어깨 턴과 손목의 코킹으로 지면과 수평 되게 백스윙한다.   허리의 동력과 손목의 풀림으로 임팩트해 보면 허리와 손목의 턴이 추가되어 쉽게 거리를 더 낼 수 있다.

스윙 시 4개의 원으로 스윙을 하면 적은 힘으로 헤드 스피드를 나게 하여 몸에 무리 없이 원하는 거리를 보낼 수 있는 약 30야드의 피칭에 효과적이다. 그래서 2개의 원인 어깨의 원과 허리의 원에 2개의 원인 손목의 원을 추가함으로써 몸에 무리 없이 거리를 더 보낼 수 있어 일관성 있는 방향을 만들 수 있다.

4개의 원과 작은 2개의 원으로 하는 스윙(피칭 : 60야드 이내)
— 백스윙을 어깨와 손목, 거리에 따른 팔의 원 그리고 다운을 허리의 원으로 스윙

어깨와 손목, 거리에 따라 팔의 원을 추가하여 백스윙의 크기를 만들고 다운을 허리와 팔과 손목의 원으로 하는 스윙이란 백스윙과 다운의 4개의 원에 팔의 원을 거리에 따라 추가하여 필요한 동력을 얻어 보다 쉽게 다양한 피치샷을 만드는 데 좋은 효과를 발휘한다.

어깨와 손목과 팔의 원을 부드럽게 접목시켜 필요한 거리에 맞는 크기의 원을 만든다.

허리와 팔, 손목을 동력으로 다운을 만들면 최소의 힘으로 다양한 거리를 만들 수 있다.

스윙 시 4개의 원과 필요한 거리에 따라 팔의 원을 적절히 추가하면 다양한 거리의 피치 샷을 만들 수도 있다. 그래서 4개의 원인 어깨의 원과 허리의 원, 손목의 원에 백스윙과 다운스윙에 필요한 팔의 원을 거리에 따라 적절히 추가하여 사용하면 몸에 무리 없이 거리를 더 보낼 수 있어 일관성 있는 방향을 만들 수 있다.

6개의 원으로 하는 스윙(풀 스윙)
― 백스윙을 어깨와 손목과 팔의 원, 그리고 다운을 허리와 팔과 손목의 원으로 스윙

백스윙을 어깨와 손목과 팔의 원, 다운을 허리와 팔과 손목의 원으로 하는 스윙이란 스윙 중 최대한 동원할 수 있는 원을 만들어 거리를 가장 멀리 보내는 샷을 말한다. 이것은 최대의 거리를 내는 데 좋은 효과를 발휘한다.

어깨와 손목과 팔의 원을 부드럽게 접목하여 크고 확실한 원을 만든다.

허리와 팔, 그리고 손목을 동력으로 다운을 만들면 최대의 거리를 만들 수 있다.

위와 같이 스윙 중 만들 수 있는 6개의 원을 필요에 따라 스윙에 사용하므로 골프에 필요한 다양한 샷을 만들기도 하고 6개 원의 크기를 최대로 크게 만들어 스윙하면 비거리를 최대로 얻게 된다는 것을 알 수 있다.

헤드 스피드는 어디에서 나는가

⑩-2 움직이는 클럽의
길이를 길게

⑬ 축의 고정

⑪ 콕의 유지

⑮ 팔의 풀림

⑫ 다운에서
하체 턴의 빠르기

⑩-1 많은 근육으로
다운

⑭ 손목의 턴

⑯ 다운 시
양 사이드의 쓰임

117

헤드 스피드를 내는 스윙의 자세

거리를 내는 4가지 조건 중 가장 비중이 큰 것이 헤드 스피드이다. 스피드는 크게 ① 지구의 중력과 과학적 이론에 근거한 스윙의 자세 ② 유연성과 근육의 힘으로 이루어진다.
이번 장에서는 헤드 스피드를 내는 자세를 원리적으로 알아보자.

부드러운 샤프트를 사용하라

골프 클럽 샤프트의 플렉스(FLEX)는 가장 강한 엑스트라(X)부터 스티프(S), 레귤러(R), 레이디(L)로 이루어지는데, 자신의 스윙보다 조금 부드러운 샤프트의 탄성을 이용하여 볼을 더 멀리 보낼 수 있다. 그러나 헤드 스피드는 빠른데 샤프트가 너무 부드러우면 약간의 잘못된 템포에도 볼이 크게 휘어질 수도 있어 일관성이 떨어지므로 부드러운 샤프트로 볼을 쉽게 멀리 보내고 싶다면 어떠한 상황에도 일정한 리듬으로 볼을 칠 수 있어야 한다.

전혀 휘어지지 않는 샤프트를 사용하면 오로지 본인의 자세와 힘만으로 볼을 치게 되지만 부드러운 샤프트는 자세와 힘 외에 샤프트의 휘어지는 탄성을 더 이용하므로 쉽게 거리를 더 보낼 수 있다.

원을 크게 하라

스윙 중 원의 크기가 크면 클수록 헤드 스피드가 빨라진다. 골프 클럽을 예로 들면, 같은 로프트의 클럽일 때 클럽 길이가 길수록 헤드 스피드가 나는 것을 알 수 있다. 그러나 길이가 긴만큼 몸과 볼과의 거리가 멀어져 스윙이 어려워지므로 정확성은 그만큼 떨어진다. 그러므로 긴 클럽을 잘 다룰 수 없는 골퍼는 짧은 클럽이 훨씬 더 좋은 클럽이 될 것이다.

짧은 클럽과 긴 클럽이 같은 크기를 움직일 경우, 긴 클럽의 헤드가 그리는 원의 둘레가 길고 그 원이 긴 만큼 빠르게 움직인다.

그립 시 V홈을 오른쪽으로 향하라 — 다운 시 손목의 원의 빠르기

그립을 잡을 때 양손의 V홈 방향이 오른쪽 귀에서 오른쪽 어깨로 향할수록 스윙 시 손목의 턴이 빨라지고 많아져 헤드 스피드가 빨라지므로 그립을 잡을 때 V홈이 왼쪽을 향하는 것보다 오른쪽을 향하는 것이 헤드 스피드를 빠르게 하므로 거리를 내게 한다.

위크 그립   스트롱 그립

다운 시 손목의 턴이 느려지고 줄어들어 비거리가 떨어진다. 그러나 다운 시 하체의 턴이 빠르면 슬라이스가 발생하므로 하체 턴이 느린 골퍼에게 적합하다.

◀ V홈의 방향이 턱을 향한 위크 그립

다운 시 손목의 턴이 빨라져 비거리가 좋아지고 반대로 정확성은 떨어진다. 그러나 다운 시 하체의 턴이 느리면 훅이 발생하므로 다운 시 하체의 턴이 빠른 골퍼에게 적합하다.

◀ V홈의 방향이 오른쪽 어깨를 향한 스트롱 그립

그래서 그립 시 V홈 방향은 스윙 중 손목의 턴에 연관되어 다운 시 하체의 턴이 빠른 골퍼는 V홈이 오른 귀와 오른쪽 어깨를 중심으로 V홈을 오른쪽으로, 하체의 턴이 느리면 V홈이 왼쪽으로 향하면 좋은 구질을 보장 받을 수 있다.

어드레스 시 스탠스의 폭을 넓혀라

어드레스 시 스탠스의 폭이 좁으면 스윙 시 체중 이동의 폭이 작아 비거리가 짧아지고 스탠스의 폭이 넓으면 체중 이동의 폭이 넓어 헤드 스피드를 빠르게 하여 비거리를 내는 역할을 한다.

스탠스의 폭이 좁으면 다운 시 왼발로 체중의 이동 거리가 적어 비거리가 떨어진다.

스탠스의 폭이 넓으면 다운 시 왼발로 체중의 이동 거리가 많아 비거리가 늘어난다.

그러나 스탠스의 폭이 너무 넓으면 백스윙에서 어깨의 턴이 작아지고 다운스윙 시 체중의 이동보다 턴이 빨라져 임팩트 존이 나빠지기 쉬워 비거리와 구질이 더 나빠지기 쉽다.
그러므로 드라이버 스탠스는 어깨 넓이보다 약간 넓은 것이 적당한데 숏 아이언일수록 약간 좁아지고 우드처럼 긴 클럽일수록 어깨 넓이보다 약간 넓어진다. 골퍼가 백스윙과 다운스윙에서 무리 없이 체중 이동과 허리의 턴이 가능한 넓이가 가장 적절하다.

톱에서 어깨의 턴을 충분히 하라 — 톱에서 어깨 원의 크기

백스윙 시 어깨 턴의 크기는 태엽 감는 시계와 비유되어 비거리와 직접적인 연관이 있다. 아래와 같이 탄력 있는 물건을 당겼다 놓아 보면 당기는 크기에 따라 탄력과 스피드가 빨라진다는 것을 쉽게 알 수 있다.

클럽의 샤프트를 조금 당겼다 놓으면 원의 크기와 탄성이 약해 스피드가 느리다.

클럽의 샤프트를 충분히 당겼다 놓으면 원의 크기와 탄성이 많고 강해 스피드가 빠르다.

그러므로 우리의 몸도 마찬가지로 어깨 턴이 커질수록 오른발에서부터 몸통의 꼬임이 강해져 힘을 축척시키고 다운에서 허리의 턴에 의해 어깨 턴의 꼬임이 더해져 풀림의 빠르기가 그만큼 빨라진다. 또한 어깨 턴이 작은 백스윙은 거리도 짧아지지만 다운 시 몸통의 움직임보다 손과 팔의 움직임이 많아져 구질과 일관성이 나빠지기도 한다.

백스윙 시 어깨의 턴이 적으면 오른쪽 허리가 어깨에 딸려 돌지 않고 옆으로 밀리기 쉬워 꼬임이 적어 힘의 축적도 줄어든다.

또한 어깨 턴이 작은 톱에서 다운이 되면 빠르게 오른쪽 어깨가 앞으로 덮이기 쉬워 클럽 헤드가 볼에 아웃에서 접근하여 구질도 나빠진다.

어깨의 원을 만들어 보자

클럽에 따라 척추의 각이 다르므로 클럽에 따른 어드레스에서 기울기를 변화하지 않고 어깨의 턴을 시작한다.

클럽에 따라 손목의 코킹이 시작되어도 손목의 원에 동요되지 않고 리듬 있게 어깨만의 턴을 만들어 나간다.

어깨 턴의 크기는 110~130도가 적절하며, 어깨의 턴은 클수록 그만큼 비거리를 낼 수 있고 어깨 턴의 크기만큼 손과 팔의 쓰임이 적어져 일관성까지 덤으로 얻을 수 있다.

그러면 어떻게 하면 작은 어깨 턴을 더 크게 할 수 있을까? 보통 어깨 턴을 하면 허리가 당연히 자연스레 딸려 돈다. 이것에 생각을 두면서 백스윙 시 자연스럽게 어깨 턴을 하기 위한 자세를 알아보자.

백스윙이 계속됨에 따라 손목의 코킹과 팔의 접힘이 어깨에 영향을 주어도 척추의 각을 변화하지 않고 어깨의 턴을 완성한다.(약 110~130도 턴)

어깨 턴을 구분 동작으로 해 보자

어드레스 후 손과 팔은 전혀 사용하지 않고 어깨만 90도 이상 돌린다.

손목 코킹으로 클럽 헤드를 위로 올리며 어깨의 턴을 조금 더 턴 시키며 그 가속을 받아서 오른팔을 접으며 톱을 완성한다. 그리고 바로 스윙한다.

어깨 턴 구분 동작으로 볼을 약 10개 정도 치고 그 느낌을 살려 연속 동작으로 연습을 계속해 나가면 비거리와 함께 좋은 자세를 만들 수 있다.

허리를 잡지 않고 어깨 턴을 해 보자

허리를 최대한 고정하고 어깨 턴을 하는 것은 매우 어렵다. 왜냐하면 허리를 고정한다는 생각만으로도 어깨까지 경직되어 어깨의 턴이 제한을 받기 때문이다. 어깨를 턴하면 허리는 골퍼들의 유연성 정도에 따라 어깨에 딸려 돌아가야 자연스런 스윙의 움직임이 되어 좋은 구질과 일관성이 생긴다.

골퍼는 허리를 완전히 풀고 보조자가 양쪽 어깨를 잡고 돌려 보면 오른 허리는 옆으로 밀리지 않고 어깨를 따라 돌아간다.

허리를 잡지 않고 백스윙을 어깨로 돌려 주면 어깨에 힘이 빠져 어깨의 턴도 커지고 어깨에 따라 허리가 돌아 스웨이도 자연스레 없어진다.

머리가 오른쪽으로 약간은 이동하며 백스윙해 보자

어드레스에서 오른쪽으로 기울어진 척추의 각을 생각하지 않고 백스윙을 할 때 머리를 고정하게 되면 어깨가 경직되어 어깨의 턴이 작아지고 허리의 스웨이가 쉬워져 더욱 더 어깨의 턴이 작아지므로 백스윙 시 머리를 고정시킨다는 생각을 버리고 어깨의 턴에 자연스런 움직임을 받아 드려야 한다.

백스윙을 하며 어깨가 턴 될 때 머리를 고정하지 않으면 자연스레 톱 까지 머리의 반 개 정도가 따라가며 턴 되며, 허리도 옆으로 밀리지 않고 턴 어깨를 따라 턴 된다. 또한 어깨의 턴은 커진다.

백스윙 시 왼쪽 어깨를 밀거나, 오른쪽 어깨를 당겨 보자

어깨의 턴은 크게 두 가지다. 왼쪽 어깨를 오른쪽으로 밀거나 오른쪽 어깨를 뒤로 돌려도 어깨의 턴은 일어난다. 또한 백스윙 시 두 가지 다 시도해 보면 어깨의 턴은 그냥 되는 느낌이 들 것이다.

① 먼저 허리에 힘을 빼고 왼쪽 어깨를 오른발까지 충분히 밀면서 코킹하면 왼쪽 어깨의 턴에 의해 오른쪽 어깨가 뒤로 턴 되며 ② 오른쪽 어깨를 뒤로 돌리면서 코킹하며 백스윙한다. 그러면 어깨의 턴의 의해 오른쪽 허리도 뒤로 턴 되며 적절한 톱이 완성된다.

허리를 돌리며 어깨 턴을, 왼발 뒤꿈치를 들며 어깨 턴을 해 보자

체형상 유연하지 못한 골퍼는 어깨 턴을 하면서 허리도 같이 돌려 주면 충분한 어깨의 턴이 가능해진다.

어깨의 턴을 돕기 위해 백스윙 시 왼발 뒤꿈치를 살짝 들어 주면 충분한 어깨의 턴이 된다.

프로 골퍼의 자세 중 아마 골퍼가 가장 쉽게 따라할 수 있는 것이 바로 이 어깨 턴이므로 다양한 방식으로 어깨의 턴을 충분히 하도록 노력해 보자. 그러나 갑자기 어깨의 턴이 커지면 스윙의 리듬이 달라지므로 처음에는 토핑이 날 수도 있으나 오래되지 않아 거리와 함께 방향과 일관성을 얻을 수 있다.

톱에서 바르게 허리의 움직임을 느껴 보자

올바른 허리의 움직임이란 백스윙 시 어깨의 턴에 의한 올바른 허리의 턴을 이야기한다. 백스윙 시 어깨의 움직임에 허리는 같이 딸려 돌아야 하는데 만약 허리의 턴이 아니라 옆으로 밀리게 되면 톱에서 어깨의 턴은 작아지고 다운 시 왼발로 체중의 이동이 어려워 임팩트가 나빠지고 비거리는 떨어진다.

백스윙 시 허리의 턴이 아닌 옆으로 밀리는 이유는 어깨의 턴을 할 때 허리에 힘이 주어 잡거나 잘못된 어드레스에 의해서 허리가 옆으로 밀려서인데 자세와 함께 힘의 축적이 나빠진다.

백스윙 시 허리에 힘을 빼고 어깨의 턴을 올바로 하면 어깨의 턴에 딸려 밀리지 않고 턴 된다.

이렇게 두 발을 모으고 연습해 보면 중심을 잡기 위해 백스윙 중 균형을 잡을 수 있고 또한 허리의 올바른 턴을 느끼며 교정할 수 있다. 턴에 자신이 생기면 조금씩 같은 감으로 스탠스의 폭을 넓이며 연습에 임하면 올바른 몸의 턴을 만들 수 있다.

어드레스와 톱에서 척추의 각은 동일하다

연습 시 두 발을 모으고 어깨 턴을 해 보면 중심을 잡기 위해 반대로 어깨의 턴에 의해 허리가 안쪽으로 딸려 들어가는 것을 느낄 수 있다.

톱의 위치에서 고개를 돌려 자신의 배를 쳐다보면 자신의 가슴보다 안으로 들어가 있어야 한다. 그 이유는 톱의 프런트 뷰에서 척추의 각은 어드레스의 척추 각과 동일해야 하기 때문이다.

톱에서 손목의 코킹을 충분히 하라(톱에서 손목 원의 정도)

스윙 중 주동력이 몸통이라면 보조 동력이 바로 손목이다. 백스윙에서 손목의 코킹이 바르고 많으면 다운 시 손목의 코킹을 자연스레 유지할 수 있고 허리와 함께 최대로 클럽 헤드를 가속할 수 있어 비거리를 충분히 낼 수 있다. 하지만 손목의 사용이 많아 일관성이 떨어질 수 있다.

손목의 코킹이 작은 톱이 되면 손목에 힘이 많이 들어가며 다운 시 손목 코킹이 빠르게 풀려 임팩트가 나빠지고 비거리가 떨어진다.

손목의 코킹이 많은 톱이 되면 손목에 힘이 빠져 다운 시 손목 코킹이 유지되어 임팩트와 비거리가 좋아진다.

손목의 원을 만들자

클럽에 따라 손목의 원을 시작하는 시점이 조금씩 다르지만 어깨의 원을 부드럽게 잘 이어 손목의 원을 그리기 시작한다.

주동력인 어깨 원의 속도에 리듬 있게 접목되어 손목의 코킹을 만들어 나간다.

백스윙이 계속됨에 따라 어깨의 원에 일치되어 손목의 코킹을 계속 만들어 나간다. 또한 손목의 코킹에 영향을 받아 자연스레 팔의 접힘을 이어 가면 3가지 원이 동시에 연결된다. (약 90~95도의 코킹)

손목의 원을 만들 때는 어깨의 원에 접목시키면 자연스런 손목의 원을 만들 수 있고, 손목의 원을 만들면서 팔의 원을 자연스레 연결하여 백스윙 시 중간 역할을 하는 중요한 원이라 할 수 있다.

적절한 그립을 잡아 보자

퍼팅의 그립과 같이 손바닥으로 그립을 많이 잡거나 위크 그립을 잡으면 스윙 중 손목의 움직임이 적어지며 방향은 좋아지겠지만 손목에 힘이 너무 많이 들어가고 비거리가 떨어진다. 반대로 스트롱 그립과 핑거 그립으로 잡고 백스윙을 하게 되면 손목의 힘이 빠져 있어 손목의 움직임이 쉬워 코킹이 커져 비거리가 좋아지게 되지만 방향성은 떨어질 수 있다.

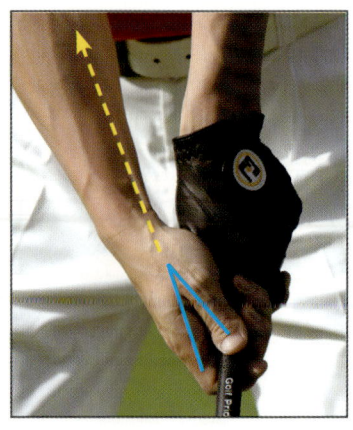
스트롱 그립은 V홈이 오른 귀와 어깨를 가리키면 오른손에 힘이 빠져 스윙 시 손목의 사용이 적절해져 코킹과 손목의 힘도 적당해진다. 따라서 비거리와 함께 정확성을 얻을 수 있게 된다.

핑거 & 팜그립은 클럽을 비스듬이 검지 둘째 마디에서 새끼손가락 바로 위로 가로지르며 잡는다. 그러면 스윙 시 손목의 사용이 적절해져 코킹도, 손목의 힘도 적당해져서 비거리와 함께 정확성을 가질 수 있다.

적절한 손목의 각을 만들자

어드레스에서 손목의 각이 작으면 손목에 힘이 많아져 손목의 코킹이 어렵고, 반대로 어드레스에서 손목의 각이 많으면 어드레스에서 손목의 코킹을 미리 조금 한 것과 같은 것이 되므로 손목에 힘이 빠지고 따라서 백스윙 시 손목의 코킹이 쉬워진다.

어드레스에서 허리를 너무 세우면 척추와 손목의 각이 펴진다. 손목의 각이 작아 톱에서 손목의 코킹이 작아지고 그만큼 다운 시 풀림이 적어져 비거리가 떨어진다.

적절한 손목의 각에 의해 백스윙 시 손목의 코킹이 쉬워지고 많아져 다운 시 그만큼 손목의 풀림이 많아져 비거리가 좋아진다.

베이스 그립으로 코킹을 느끼자

베이스 그립은 야구를 할 때 잡는 그립인데 특징은 양손으로 열 손가락을 다 잡으므로 그립에 힘이 좋고 또한 양손이 분리되어 있어 스윙 시 손목의 코킹과 손목의 턴이 쉬워지고 빨라진다. 그래서 헤드 스피드가 빨라지며 비거리는 좋아진다.

백스윙 시 힘이 좋고, 두 손이 분리되어 있어 손목의 코킹이 쉽다. 그리고 다운 시 손목의 회전이 좋아져 거리를 낼 수도 있다. 그러나 손목의 턴이 빨라져 임팩트 존이 짧아져 일관성이 떨어지기도 한다.

얼리 코킹으로 백스윙을 해 보자

얼리 코킹이란 백스윙에서 평상시보다 손목의 코킹을 조금 더 빠르게 하는 것으로, 톱에서 충분한 손목의 코킹을 만들 수 있다.

① 어드레스에서 손목의 코킹으로만 백스윙한다. 이때 약간은 인으로 꺾어 준다. ② 계속하여 손목의 코킹으로 꺾으며 백스윙한다. 이때 어깨는 따라 돈다.

이 얼리 코킹은 백스윙 중 팔과 어깨에 힘이 들어가 손목이 경직되기 전에 손목 코킹을 미리 하여 백스윙하는 방법으로, 손목의 코킹이 빨라지면 헤드가 아웃으로 테이크 백 될 수 있으므로 주의해야 한다.

어깨와 손목의 구분 동작을 해 보자

백스윙 시 어깨의 원을 크게 먼저 그리게 되면 손목의 원을 크게 그리기 어려워지고, 반대로 손목의 원을 먼저 크게 그리게 되면 어깨의 원을 크게 그리기가 어려워지므로 어깨의 원과 손목의 원을 구분 동작으로 그리는 연습을 해보면 백스윙 시 어깨의 원과 손목의 원 모두를 다 충분히 그릴 수 있다는 것을 알 수 있다.

손목의 코킹으로 클럽 헤드를 위로 꺾어 올리며 그 가속을 받아서 톱을 완성하고 바로 스윙한다.

어드레스 후 손과 팔은 전혀 사용하지 않고 어깨만 90도 이상 돌린다.

어깨 턴과 손목 코킹의 구분동작으로 볼을 약 10개 정도 치고 그 느낌을 살려 연속 동작으로 연습을 계속해 나가면 비거리와 함께 좋은 자세를 만들 수 있다.

오버 스윙하는 느낌으로 톱을 만들자

정확성을 위해 손목을 제한하여 손목의 코킹이 너무 작아진 경우라면 약간은 오버 스윙하는 느낌으로 톱에서 샤프트를 약 45도로 세우지 말고 지면과 수평 또는 약간은 더 아래로 기울여 약간은 오버 스윙하는 느낌으로 백스윙한다.

그립을 부드럽게 잡고 톱에서 오버 스윙이 된다고 생각하고 클럽 헤드를 등뒤로 보내면 손목의 코킹을 더할 수 있다. 그러나 오버 스윙은 되지 않는다. 왜냐하면 손목의 코킹이 작은 톱이 오랫동안 숙달되어 있어 생각만큼 오버 스윙이 되지 않고 적절한 톱이 이루어질 것이다.

책으로 톱을 만들어 보자

클럽의 웨이트가 접시를 한손으로 들고 이동하는 것과 같이 오른손으로 책을 가지고 연습을 하여 익힌 뒤 그 느낌을 가지고 두 손으로 그립하고 오른손 바닥의 느낌을 살려 백스윙하면 손목의 코킹 이미지를 살릴 수 있다.

어드레스에서 오른손바닥에 책을 받치고 준비한다.

백스윙을 손목을 돌리며 코킹으로 꺾는다. 이때 어깨는 따라 돌고 책이 떨어져서는 안 된다.

계속하여 손목의 코킹으로 꺾으며 톱을 만든다. 이때 책을 떨어뜨리지 않고 오른손바닥은 하늘을 향한다.

톱에서 왼팔을 높여라 — 톱에서 왼팔의 위치

톱에서 왼팔의 위치는 백스윙의 형태에 따라 플랫하기도 하고 업라이트한 톱이 되기도 하는데 플랫한 톱은 근육의 힘으로 스윙해야 하며, 몸과 팔의 일체감이 좋아지는 다운이 되고 업라이트한 톱은 중력을 최대로 이용할 수가 있어 거리를 낼 수 있지만 몸과 팔의 일체감은 떨어지는 스윙이 된다.

플랫한 톱에서 다운은 클럽을 옆으로 휘둘러야 하는데, 이때 중력보다 하체의 턴으로 스윙해야 하므로 헤드 스피드가 떨어지는 반면 쓸어 치는 스윙이 쉬워진다.

업라이트한 톱에서 다운을 시작하면 클럽이 아래로 휘둘려져 중력을 이용하는 스윙이 되므로 헤드 스피드가 빨라져 비거리가 좋아지지만 찍어 치는 스윙이 쉬워진다. 그래서 스윙 시 허리의 턴이 적거나 느리면 임팩트와 구질이 나빠지기도 한다.

그러나 업라이트한 톱이 중력을 많이 이용한다고 하여 어깨의 턴이 적고 너무 업라이트한 톱이 되면 다운의 전환에서 어깨가 빨리 덮여 볼에 헤드가 아웃으로 접근하여 임팩트와 구질이 더 나빠진다.

톱에서 왼팔의 위치는 오른쪽 어깨를 가로지르는 정도가 적절하다. 그래야 다운 시 허리의 턴에 의해 원심력을 발생시켜 클럽 헤드가 볼에 자연스레 적절히 인으로 접근하고 쓸어 치기 쉬워진다.

톱에서 최대한 클럽 헤드를 기울여라

톱에서 클럽 헤드의 위치는 비거리에 많은 영향을 준다. 그 이유는 가속도의 원리 때문인데 볼에서부터 클럽 헤드가 멀면 멀수록 임팩트에서 헤드 스피드가 빨라지기 때문이다.(이때 다운스윙은 동일하다고 가정한다.)

하프백에서 다운 해보면 헤드 스피드는 느리다. 그렇다고 작은 크기에서 빠르게 스윙하면 임팩트가 나빠진다.

쓰리 쿼트 백에서 다운해 보면 원의 크기가 조금 더 커져 헤드 스피드는 빨라진다.

사진에서와 같이 다운의 능력이 같을 때는 볼에서 헤드가 멀면 멀수록 헤드 스피드는 빨라진다. 그러나 볼에 헤드가 멀수록 되돌리기가 어려워 일관성은 떨어진다.

톱은 헤드가 볼에서 멀어 그만큼 헤드 스피드는 빨라진다.

톱에서 헤드의 위치

톱에서 헤드의 위치는 비거리와 직접적인 연관이 있는데 비거리를 내야 하는 드라이버는 볼에서 최대한 멀리, 그리고 정확성이 요구되는 아이언은 비거리보다 방향성을 위해 적절한 헤드의 위치가 요구된다.

힘이 좋아 비거리가 충분한 골퍼는 헤드의 위치를 짧게 하여 정확성을 높인다.

힘이 약해 비거리가 짧은 골퍼는 헤드의 위치를 길게 하여 비거리를 늘린다.

다운 시 왼발로 체중을 이동하라

체중의 이동은 우리 몸에 근육의 움직임을 쉽게 하고 백스윙 시 체중이 이동되었다 다시 되돌아올 때 발생하는 힘을 이용하는 것인데 몸이 무겁고 체중 이동이 많을수록 그리고 빠를수록 큰 힘을 발생시킨다.

정확성을 원하는 피칭이나 숏 아이언은 백스윙 시 왼발의 체중을 오른발로 이동하지 않거나 약 10% 이하로 이동한 이유는 어드레스의 체중을 오른발로 옮겼다 다시 왼발로 이동하는 체중의 이동이 많을수록 비거리는 얻어지지만 그만큼 방향과 일관성은 떨어지기 때문이다.

결국 스윙 시 체중의 이동이 적을수록 비거리는 떨어지지만 방향성과 일관성을 얻게 되고, 체중 이동이 많아질수록 비거리를 얻지만 방향과 일관성이 떨어짐을 명심하자.
비거리와 일관성을 동시에 원한다면 수많은 연습을 통해 몸과 마음의 자신감을 가짐으로써 두 마리 토끼를 다 잡을 수 있을 것이다.

아이언의 백스윙 시 체중의 움직임(프런트)

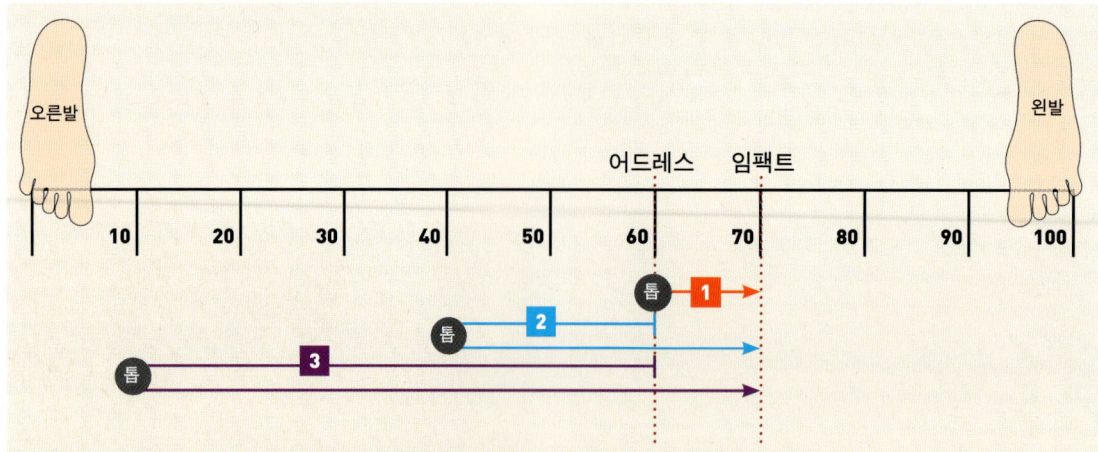

1. 어드레스 시 왼발의 체중은 60%, 톱에서 왼발의 체중은 옮기지 않고 60%, 임팩트에서 왼발의 체중이 70%라면 총 10%의 체중이 이동되므로 비거리보다 정확성 위한 체중의 이동이고,
2. 어드레스 시 왼발의 체중은 60%, 톱에서 왼발의 체중은 40%, 임팩트에서 왼발의 체중이 70%라면 총 50%의 체중이 이동되므로 적당한 비거리에 정확성 위주의 체중 이동이며,
3. 어드레스 시 왼발의 체중은 60%, 톱에서 왼발에 체중은 10%, 임팩트에서 왼발의 체중이 70%라면 총 110%의 체중이 이동되므로 정확성은 떨어지지만 비거리를 위한 체중 이동이 된다.

드라이버의 백스윙 시 체중의 움직임(프런트)

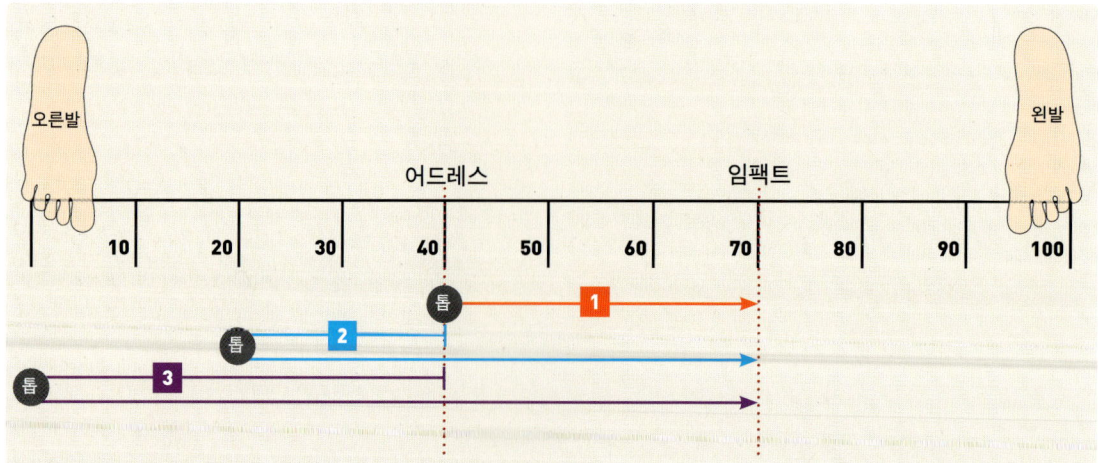

1. 어드레스 시 왼발의 체중은 40%, 톱에서 왼발의 체중은 옮기지 않고 40%, 임팩트에서 왼발의 체중이 70%라면 총 30%의 체중이 이동되므로 비거리보다 정확성을 위한 체중의 이동이고,
2. 어드레스 시 왼발의 체중은 40%, 톱에서 왼발의 체중은 20%, 임팩트에서 왼발의 체중이 70%라면 총 70%의 체중이 이동되므로 적당한 비거리에 정확성 위주의 체중 이동이며,
3. 어드레스 시 왼발의 체중은 40%, 톱에서 왼발에 체중은 0%, 임팩트에서 왼발의 체중이 70%라면 총 110%의 체중이 이동되므로 정확성은 떨어지지만 비거리를 위한 체중 이동이 된다.

다운의 전환은 큰 근육인 하체로 시작하라

다운의 전환은 스윙 시 가장 어려운 부분이지만 거리를 내는 데 가장 중요한 역할을 한다. 그 이유는 크게 ① 많은 근육의 힘으로 헤드를 끌어내리기 위함이고 ② 움직이는 클럽의 길이를 길게 하기 위함이다.

많은 근육으로 스윙을 하라
스윙 중 사용하는 근육의 크기와 양이 크고 많을수록 볼을 멀리 보낼 수 있다.

손목만으로 스윙을 해 보면 백스윙의 크기가 작아 다운을 해도 헤드 스피드가 느리다.

손목과 팔을 이용해 스윙을 해 보면 손목만으로 하는 스윙보다는 스윙이 커지고 헤드 스피드가 더 나게 된다.

어깨와 손목과 팔로 스윙을 해보면 어깨의 큰 근육이 추가되고 백스윙의 크기가 커져 다운 시 헤드 스피드가 빨라진다.

다운을 하체로 하게 되면 스윙 중 몸통과 팔의 모든 근육을 최대로 동원하게 되어 헤드 스피드가 최대로 빨라진다.

이렇게 스윙 중에 사용되는 근육량이 많아질수록 스피드가 난다. 그래서 스윙 중 손이나 팔로만 하는 것보다 하체와 몸통도 같이 사용해야 많은 근육을 스윙에 이용하게 되어 비거리를 충분히 낼 수 있다.

클럽의 길이를 길게 스윙하라

스윙 중 움직이는 클럽의 길이를 길게 하기 위함이란 똑같은 로프트의 클럽으로 스윙할 때 길이가 긴 클럽이 거리를 더 많이 내게 되는 것과 같은 이치인 것이다.

손목만으로 볼을 임팩트해 보면 클럽의 길이가 짧아 다운을 해도 스피드가 없다.

어깨를 기준으로 팔로만 볼을 임팩트하게 되면 헤드에서부터 어깨까지의 길이가 되므로 앞의 경우보다는 스피드가 빨라진다.

허리를 시작으로 다운을 하게 되면 허리에서부터 클럽 헤드를 끌어내리게 되므로 허리의 길이를 추가하게 되어 스피드는 더 빨라진다.

발을 시작으로 다운을 하게 되면 발에서부터 클럽 헤드를 끌어내리게 되므로 클럽의 길이를 추가하게 되어 스피드는 최대로 빨라진다.

이렇게 다운의 전환은 크게 2가지 이유로 하체로부터 시작해야 한다. 그래서 아마 골퍼들은 손이나 팔 그리고 상체로 아무리 세게 휘둘러도 거리가 나지 않지만 하체로 다운을 시작하는 프로 골퍼들은 부드럽게 스윙해도 거리가 나는 것이다. 그러나 클럽의 길이와 다운 시 몸의 사용이 많아지고 길어지면 길어질수록 비거리는 나지만 그만큼 일관성은 떨어지므로 많은 노력과 적절한 조화가 필요하다.

허리의 턴 만들기

① 두 발을 좁게 서고 무릎을 구부린다.

② 지면을 차듯이 왼발에 힘(100%)을 주며 왼쪽 무릎을 펴며 왼쪽 허리를 왼쪽으로 빼쭉 내밀고 오른쪽 무릎을 구부린다. 무용하듯이 무릎을 구부리고 펴며 허리를 좌우로 실룩거리면 다리가 허리를 움직인다는 것을 알 수 있다.

③ 다시 왼쪽 무릎을 구부리고 오른쪽 무릎을 어드레스와 같이 적절히 구부린다.

 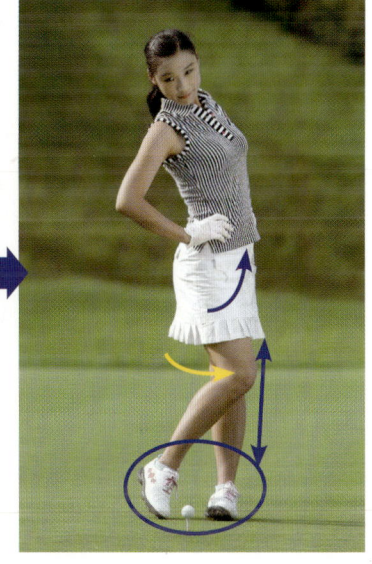

① 두 발을 좁게 서고 무릎을 구부린다.
② 지면을 차듯이 왼발에 힘(100%)을 주며 왼 무릎을 펴며 왼쪽 허리를 왼쪽으로 열어 준다. 이때 오른 무릎을 구부리며 오른발 뒤꿈치를 들어 준다.

다리가 허리를 움직인다는 것을 이해하면 두 번째로 다리가 펴질 때 왼쪽 허리가 왼쪽으로 밀리는 것이 아니라 열어(왼쪽으로 턴) 준다. 이때 왼쪽 다리가 펴지면서 왼쪽 허리를 여는 타이밍과 부드럽고 파워 있게 여는 것이 중요하다. 또한 왼쪽 다리가 펴질 때 오른 뒤꿈치를 들어 주면 허리의 턴은 더 빨라진다.

① 어드레스를 취하고 두 손은 상대의 손바닥에 맞댄다.

② 지면을 차듯이 왼발에 힘(100%)을 주며 왼쪽 무릎을 펴며 왼쪽 허리를 왼쪽으로 열어 준다. 오른쪽 무릎을 구부리며 오른쪽 뒤꿈치를 들어 준다. 이때 어드레스보다 척추의 각이 더 커진다.

③ 다시 왼쪽 무릎을 구부리고 오른발을 바로하며 무릎을 어드레스와 같이 적절히 구부린다. 그리고 마주잡은 손에 의해 허리는 열려도 어깨는 타깃에 바로되어야 한다.

결국 다운 시 다리를 이용해 허리를 열어야 하고 그 열리는 허리에 의해 어깨가 당겨지며 몸통의 회전이 일어나게 되는 것이다. 그러나 다운 시 어깨는 허리에 의해 딸려 다니는 것이지 일부러 어깨의 턴을 제한하거나 허리의 턴보다 더 우선하여 턴을 하면 몸의 자연스런 스윙을 바꾸게 되어 구질과 일관성이 떨어진다는 것을 명심하자.

실전 허리의 원 만들기

잘 만들어진 톱은 충분한 어깨의 턴과 손목의 코킹, 완전한 팔의 위치를 만들기 바로 전 다운의 시작을 왼발로 체중 이동을 하는 것으로 시작한다.(이때 볼을 본다.)

왼발로 체중 이동하며 다운을 시작하면 허리가 타깃으로 이동되어 척추 각이 더 커지며 그에 의해 오른쪽 어깨와 클럽이 밑으로 떨어진다.(이때 볼을 보며)

왼발로 지면을 차면 다리가 펴지며 왼쪽 허리를 열게 되고 따라서 척추의 각이 더 커지며 클럽이 떨어지는 가속을 팔이 더욱 더 가속시키며 떨어뜨린다.

계속하여 왼쪽 다리가 펴지며 왼쪽 허리가 열려 팔과 손목 턴의 가속에 의해 임팩트되며 클럽은 빠져나간다. 또한 허리와 팔, 손목의 원에 의한 가속에 의해 팔로우를 거쳐 물 흐르듯 자연스런 피니시가 된다.

만약 다운에서 하체와 어깨가 같이 턴을 시작하면 클럽이 떨어지기도 전에 어깨의 턴에 의해 앞으로 다운되면 볼에 클럽 헤드가 아웃으로 접근하게 되어 임팩트와 구질, 비거리가 동시에 나빠진다는 것을 명심하자.

다운 시 허리의 턴을 잘못해 어깨의 턴이 같이 되면 팔이 밑으로 떨어지기 전에 다운의 전환이 된다.

어깨의 턴에 의해 클럽 헤드가 볼에 아웃에서 접근하여 임팩트와 구질, 비거리가 동시에 떨어진다.

다운의 전환에서 코킹의 유지하라

톱에서 딥 다운까지 손목의 코킹을 풀지 않고 유지한다는 것은 매우 어렵지만 이 코킹의 유지는 거리를 내는 데 매우 중요한 역할을 한다.
왜냐 하면 손목의 콕이 풀리는 시점이 헤드 스피드가 나므로 톱에서 다운 시 코킹이 볼에서 풀리지 않고 빠르게 풀릴수록 거리는 떨어지기 때문이다.

손목 풀림의 지연

팔의 풀림보다 빨리 손목을 풀면 어깨로부터 헤드까지의 길이가 길어지고 손목을 풀 때의 반작용과 무게의 중심이 축에서 멀리 떨어져 팔의 떨어짐이 느려진다.

손목을 풀지 않고 팔을 풀어 떨어뜨리면 어깨부터 헤드까지의 거리가 짧아지고 무게 중심이 축에서 가까워 팔의 움직임이 쉬워져 팔이 빠르게 떨어진다.

볼에 허리의 원, 팔의 원 그리고 손목의 원을 한꺼번에 같이 풀어 주어야 헤드 스피드가 볼에 모여 비거리를 얻게 되는데 미리 볼 이전에 손목의 원을 소모해 버려 2개의 원으로만 임팩트해야 하므로 그만큼 비거리가 떨어지게 되는 것이다.

손목의 풀림

손의 위치가 같은 상황에서 클럽 헤드의 위치가 다르다면 볼에서 먼 헤드가 스피드를 더 내는 단순한 원리가 적용되기 때문인데 손의 인위적인 조작이 없는 한 자연스런 현상으로 우리의 인체 중 손목의 관절을 이용하여 한꺼번에 헤드로 힘을 전달하는 중요한 기술이다. 그래서 딥 다운까지 손목 코킹이 유지되고 다음 손목의 턴이 이루어져야 하는 것이다.

손의 위치보다 헤드가 볼에 멀면 멀수록 임팩트에서 헤드 스피드는 빨라진다.

손의 위치보다 헤드가 볼에 가까울수록 임팩트에서 헤드 스피드는 느려진다.

그러므로 톱에서 딥 다운까지 손목의 코킹을 유지하는 것은 클럽을 우리 몸의 관절을 이용해 짧아지게 만들어 팔을 빠르게 떨어뜨리고 손목의 콕을 임팩트 존에서 풀어 가속을 내는 중요한 역할을 하여 거리를 나게 하는 것이다.

그러나 다운 시 손목 코킹의 유지는 생각보다 쉽다. 다운의 전환 이전 단계인 톱에서 손목의 코킹만 충분히(90~95도) 되어 있다면 다운 시 왼발로의 체중 이동에 의해 자연스레 허리가 타깃으로 이동되며 척추가 기울어진다. 따라서 손목의 코킹이 풀릴 사이도 없이 오른쪽 어깨가 자연스레 밑으로 떨어지고 중력에 의해 다운의 전환에서 임팩트까지 유지되며 적절히 임팩트된다. 결국 백스윙에서 손목의 코킹과 다운에서 빠른 체중 이동에 의해 손목의 코킹이 자연스럽게 유지되는 것이다.

다운에서 팔의 펴짐과 손목 턴을 빠르게 하라(다운에서 팔의 원과 손목 원)

다운의 전환이 시작되면 왼쪽 다리의 움직임에 의해 클럽 헤드가 떨어지는데, 이때 접힌 오른팔을 펴며 그 다음 손목의 턴으로 헤드에 가속을 더한다. 이렇게 다운 시 팔의 펴짐과 손목의 턴은 다운 시 허리의 턴과 함께 비거리를 내 중요한 역할을 한다. 그러나 허리의 턴보다 팔과 손목의 턴이 빨라지게 되면 임팩트와 구질, 비거리가 더 나빠진다.

팔과 손목의 원 : 프런트

다운의 전환이 시작되면 왼쪽 다리의 움직임에 의해 클럽 헤드는 떨어진다.

왼팔은 가이드 역할을, 오른팔은 펴면서 다음 그립의 V홈과 손목의 턴으로 헤드를 더욱 더 가속시킨다. 이때 계속하여 다리는 펴지며 허리의 턴을 유도한다.

중력과 헤드의 가속으로 손목의 턴이 이루어지면 오른팔은 완전히 펴지고 왼팔은 반대로 구부러지며 팔로우된다. 이때 허리는 다리에 의해 완전히 열린다. 그리고 눈은 볼을 보고 있다.

특히 손목의 턴은 어드레스 시 잡은 그립의 V홈과 연관되어 V홈이 오른쪽을 향할수록 다운 시 손복의 턴이 빨라지고, V홈이 왼쪽을 향할수록 다운 시 손목의 턴은 느려진다. 그리고 허리의 턴이 느리고 손목의 턴이 빠르면 훅이 나고, 반대로 허리의 턴이 빠르고 손목의 턴이 느리면 슬라이스의 구질이 된다. 앞의 정석으로도 잘못된 습관으로 인해 팔의 펴짐과 손목의 턴이 잘되지 않으면 다음의 방법으로 연습을 하면 팔과 손목의 움직임을 완전히 할 수 있다.

어드레스에서 왼팔의 압력을 줄이자

스윙 중 왼팔에 힘이 많으면 손목의 턴이 느리고 오른팔에 힘이 많으면 손목의 턴이 빨라지는데 그 이유는 그립을 왼손은 위에 오른손은 밑에 잡고 있으므로 왼팔에 힘이 많으면 그립의 위쪽을 당기게 되어 손목을 돌릴 수 없게 되고, 반대로 오른팔에 힘이 많으면 오른손이 그립의 밑을 잡고 있으므로 스윙 중 손목의 턴은 빨라지게 되는 것이다.

어드레스에서 왼손 그립의 압력이 강하면 손목의 턴이 느려지고 오른손 그립의 압력이 강하면 손목의 턴이 빨라진다.

베이스 그립으로 스윙해 보자

그립 중 열손가락을 다 잡는 베이스 그립은 그립에 대한 밀착도가 가장 탁월하여 힘이 뛰어나며 또한 두 손이 분리되어 있고 그립의 끝과 끝의 거리가 가장 넓어 스윙 중 손목의 턴이 다른 그립에 비해 빨라진다.

베이스 그립은 손목의 턴이 빨라지고 반대로 임팩트 존이 짧아지므로 숙달의 시간이 모자라면 방향과 일관성이 떨어진다.

어느 정도 교정이 되고 손목 턴의 느낌이 좋아지면 다시 본래 그립으로 돌아가 스윙을 해 보면 다운 시 손목 턴의 개념을 느낄 수 있을 것이다.

다운에서 팔로우까지 머리를 고정하자

스윙 중 다운스윙에서 팔로우까지 머리가 고정된다면 손목의 턴은 자연스레 이루어진다. 그 이유는 스윙 중 머리(축)의 움직임이 적으면 머리가 팔로우에서 어깨의 턴을 제한하게 되어 반대로 그립의 아래위를 잡고 있는 손에 의해 손목의 턴은 빨라진다.

다운 시 왼쪽 머리에 벽이 있다고 생각하면 머리가 타깃으로 나가지 않고 클럽 헤드와 허리만 타깃으로 보내면 다운 시 어깨의 턴이 제한되고 손목의 턴이 빨라지며 쓸어 치는 스윙이 된다.

팔로우 시 어깨를 잡고 팔을 보내 보자

팔로우에서 손목 턴이 쉽게 되려면 반대로 어깨의 턴을 제한해야 하는데 왼손을 오른쪽 어깨에 대고 오른팔을 뻗으며 손목 턴을 하며 팔로우해 보면 그 이미지를 느낄 수가 있다. 이때 오른손을 팔로우할 때 오른쪽 어깨가 앞으로 나가면 임팩트와 방향을 함께 잃어버리게 된다.

다운 시 어깨의 턴을 제한하면 반대로 손목의 턴이 빨라진다는 것을 느끼기 위해 왼손을 오른쪽 어깨에 대 놓고 오른손을 턴하며 타깃으로 보내는 연습과 클럽을 잡고 연습하면 스윙에 도움이 된다.

임팩트 시 클럽 페이스가 닫혀 맞는 기분으로 스윙해 보자

오랜 습관에 의해 좋은 자세를 추구해도 어려우면 임팩트에서 클럽의 페이스가 타깃에 직각이 아닌 약간 닫혀 임팩트되는 느낌으로 스윙을 하면 손목의 턴이 빨라져서 교정이 가능해진다.

다운 시 클럽 토우의 방향은 타깃의 반대 방향이고 팔로우에서 클럽 토우의 방향은 타깃을 향하고 있다는 것은 다운에서 팔로우까지 움직이고 있는 동안 클럽 페이스는 닫히며 임팩트 존을 지나간다는 뜻이 된다. 그러므로 다운 시 클럽 페이스가 닫히면서 볼을 때린다고 생각하면 손목의 턴이 쉽게 된다.

볼을 보며 훅을 내 보자

지금 구질이 슬라이스가 나서 비거리가 짧다면 훅 구질을 내야 똑바른 구질이 될 것이다. 왜냐하면 오랜 습관에 의해 손목의 턴이 느려진 자세이므로 볼을 똑바로 보내려고 해도 슬라이스가 나고 비거리가 떨어지기 때문이다. 그래서 손목의 턴이 작은 오랜 습관을 교정하려면 훅을 내야 한다는 강력한 생각이 있어야만 손목의 턴이 빨라져 원하는 자세를 얻을 수 있다.

스윙 시 훅을 내겠다고 생각하면 클럽 페이스를 빠르게 닫게 되어 손목의 턴이 빨라진다. 그러나 클럽 페이스를 닫으려고 어깨를 돌리면 반대로 손목의 턴이 느려져 볼이 찍어 치게 되거나 슬라이스가 더 커진다.

볼을 보며 클럽 헤드를 타깃으로 던져라

볼을 보고 클럽을 던지라는 말은 다운 시 어깨의 턴보다 클럽 헤드를 타깃으로 먼저 보내라는 의미이다. 그러면 임팩트 이후 클럽 헤드의 가속에 의해 어깨보다 클럽 헤드가 더 빠르게 타깃으로 나아가고 그 다음 어깨가 클럽 헤드를 따라가야 손목의 턴을 자연스레 유도할 수 있기 때문이다.

다운 시 어깨의 턴을 제한하면 반대로 손목의 턴이 빨라진다는 것을 느끼기 위해 볼을 끝까지 보고 클럽 헤드를 볼에 쓸어 주며 타깃으로 던진다. 그러면 머리가 어깨의 턴을 제한하여 손목의 턴을 유도하게 된다. 또한 그에 따라 하체를 턴하면 중심이 잡힌 피니시가 이루어진다.

다운스윙 시 머리를 고정하라

스윙 중 머리의 고정은 매우 중요하다. 골프는 클럽 헤드가 몸을 중심으로 회전하여 운동해야 하기 때문인데 이는 회전 시 발생하는 구심력과 원심력을 같게 만들어 머리(축)를 중심으로 스피드를 나게 하는 과학적 근거를 이용하는 것이기 때문이다. 아래와 같은 실험을 해 보면 바로 헤드 스피드의 감을 느낄 수가 있다.

줄에 추를 달아 축(손)이 작은 움직임으로 빠르게 돌려 보면 손을 추가 강하게 당기는 느낌이 있다. 이것은 원심력이 강하게 작용한다는 것을 의미한다.

줄에 추를 달아 축(손)이 큰 원을 그리며 빠르게 돌려 보면 추가 손을 당기는 느낌이 앞의 경우보다 약하다는 것을 느낄 수 있다. 이것은 원심력이 약하게 작용한다는 것을 의미한다.

잘못된 다운의 자세에 의해 타깃 방향으로 머리가 나가면 축이 움직이는 만큼 반대로 헤드 스피드는 떨어진다.

축(머리)을 단단히 잡고 팔로우 되면 원심력이 강해져 헤드 스피드는 빨라진다. 이렇게 축의 움직임이 작아지면 원심력에 저항하는 구심력이 발생되어 헤드에 스피드가 붙는다.

임팩트 존의 궤도를 좋게 하라

백스윙과 톱 그리고 다운스윙과 임팩트, 팔로우, 피니시의 위치 중 단연 가장 중요한 위치는 임팩트다. 왜냐하면 볼은 임팩트를 주어야 날아가기 때문이다. 세게 때리면 멀리 그리고 천천히 때리면 짧게~~~ 그러나 세게 볼을 때리더라도 똑바로 세게 때려야 헤드 스피드가 힘의 손실 없이 볼에 전달하여 최대의 거리를 만들 수 있게 된다.

임팩트 느끼기

손바닥을 위로 열고 볼을 손바닥에 때려 보면 손이 열린 각도로 바운스 되어 튀어나가며 손에 전달되는 충격은 줄어든다.

손바닥을 세우고 볼을 손바닥에 때려 보면 손이 직각으로 되어 있어 똑바로 바운스되어 튀어나가며 볼의 스피드만큼 손에 전달되는 충격은 커진다.

위와 같은 실험으로 볼의 스피드가 동일해도 비스듬히 깎여 임팩트되면 스피드가 볼에 다 전달되지 않아서 손에 충격이 적고, 똑바로 임팩트되면 스피드가 볼에 다 전달되었기 때문에 손에 충격이 많다. 헤드 스피드의 힘이 손실 없이 볼에 전달될수록 비거리를 낼 수 있다는 뜻이 된다.

임팩트 존의 궤도와 비거리의 관계

볼의 앞뒤 20~30cm 정도의 임팩트 존을 클럽 헤드가 어떻게 지나가느냐에 따라 구질이 결정되고 헤드 스피드가 볼에 얼마나 전달하느냐에 따라 비거리가 결정난다. 임팩트 존의 궤도와 힘의 전달에 의한 비거리의 원리를 알아보자.

페이스가 타깃에 똑바로 볼에 임팩트되어도 아웃 인의 궤도로 임팩트된다면 아웃 인이 클수록 헤드가 볼에 비스듬이 깎여 임팩트되어 힘의 손실이 많아 힘의 전달이 줄어들어 비거리가 그만큼 짧아진다.

페이스가 타깃에 똑바로 볼에 임팩트되고 스퀘어의 궤도로 임팩트된다면 페이스와 궤도가 타깃에 직각이 되어 힘의 손실이 적어 헤드 스피드만큼 힘이 전달되어 비거리가 그만큼 길어진다.

또한 헤드가 볼에 스퀘어로 임팩트되는 조건을 전제로 100마일의 헤드 스피드로 임팩트되면 약 2cm가 붙어 움직인다. 그러면 아웃 인의 임팩트는 아웃-인의 정도에 따라 약 0.5~1.5cm 정도 붙어 움식이므로 그만큼 힘의 전달이 적어져 비거리가 떨어진다. 아무리 비거리에 좋은 자세와 헤드 스피드가 빨라도 임팩트 존의 궤도가 나쁘면 무용지물이 된다. 헤드가 볼에 아웃에서 접근하기 쉬운 자세를 알아보자.

아웃-인의 잘못된 자세

앞의 원리와 같이 스윙 중 볼에 클럽 헤드가 아웃에서 인으로 접근하게 되면 비거리가 현저히 떨어지고 방향과 일관성이 나빠지므로 잘못된 궤도를 만드는 어드레스와 스윙의 자세를 간단히 알아보자. 잘못된 임팩트 존의 궤도는 어드레스와 스윙 중 다양하게 이루어질 수 있으므로 교정하여 임팩트 존의 궤도를 더 좋게 만들면 비거리와 함께 방향과 일관성까지 얻을 수 있다.

왼발 쪽에 놓인 볼

작은 척추 각

왼발에 있는 체중

넓은 스탠스의 폭

위크 그립

오픈된 어깨와 스탠스 방향

몸과 손의 간격이 좁은 어드레스

작은 어깨 턴

작은 손목의 코킹

허리의 스웨이

161

이처럼 골프 스윙은 몸을 중심으로 한 회전 운동이라 할 수 있는데 거리와 정확성을 위해 몸(허리)과 팔의 적절한 조화(타이밍)를 이루어야 좋은 구질을 만들 수 있고 몸을 통제하는 마음의 컨트롤이 잘되어야만 비거리를 낼 수 있고 원하는 곳으로 공을 날려 보낼 수 있다.

다운스윙은 3개의 원이 하나의 스윙으로 만들어지는데, 크게 몸통의 원(허리의 원)과 팔의 원(팔과 손목의 원)을 나누어 생각하면 된다. 허리의 원과 팔의 원이 일치되지 않으면 훅이나 슬라이스가 나는데, 몸과 팔, 마음의 조화와 컨트롤을 위해 정확한 이론을 알고 부단한 연습과 노력이 필요하다.

8 비거리와 방향성은 반비례

비거리와 방향성의 반비례란 서로 상반되는 사항을 말한다. 비거리를 내는 자세는 방향성을 떨어뜨리고, 방향성을 좋게 하는 자세는 비거리를 떨어뜨리는 반대되는 자세다. 볼을 멀리 보내기 위해 힘을 다해 때리면 잘 맞으면 멀리 가지만 미스 샷이 그만큼 많아지고, 정확히 볼을 보내기 위해 부드럽고 천천히 때리면 방향성은 정확해지지만 그만큼 거리가 떨어진다는 뜻이다.

톱에서 어깨 턴의 크기

톱에서 어깨 턴의 정도는 비거리와 스윙의 타법에 영향을 주는데 그 이유는 스윙 중 큰 근육인 몸통 또는 작은 근육인 팔을 사용하는 정도가 달라지기 때문이다.

톱에서 어깨의 턴이 작으면 몸의 꼬임이 작아 비거리가 짧아진다.

톱에서 어깨의 턴이 크면 몸의 꼬임이 커서 비거리가 길어지지만 몸의 움직임이 많아 방향성이 떨어진다.

톱에서 손목 코킹의 크기

톱에서 손목 코킹의 정도는 비거리와 스윙의 타법에 영향을 주는데, 그 이유는 스윙 중 지렛대의 원리를 이용하여 적은 힘으로 헤드 스피드를 낼 수 있기 때문이다.

톱에서 손목의 코킹이 작으면 손목의 쓰임이 적어 비거리가 짧아진다.

톱에서 손목의 코킹이 크면 손목의 쓰임이 많아 비거리가 길어지지만 손목의 움직임이 많아 정확성은 떨어진다.

톱에서 팔의 높이

톱에서 왼팔의 높이의 정도는 비거리와 스윙의 타법에 영향을 주는데 그 이유는 스윙 중 지구의 중력을 이용하는 정도가 다르고 다운스윙의 궤도가 달라지기 때문이다.

톱에서 팔이 낮으면 클럽 헤드가 볼에 가깝고 팔이 몸에 붙어 있어 비거리가 짧아진다.

톱에서 팔이 높으면 클럽 헤드의 높이가 높아 중력을 이용할 수 있고 몸에서 팔이 떨어져 비거리가 길어지지만 몸과 팔이 떨어져 있어 일관성은 떨어진다.

다운 시 체중의 이동

다운에서 체중 이동의 정도는 비거리와 스윙의 타법에 영향을 주는데 그 이유는 스윙 중 체중 이동에 의해 가속도의 정도가 달라지기 때문이다.

톱에서 80%의 체중이 오른발에 위치했다가 임팩트에서 오른발에 그대로인 80%가 된다면 다운 시 체중 이동의 폭이 없어 비거리가 짧아진다.

톱에서 80%의 체중이 오른발에 위치했다 임팩트에서 오른발에 30%가 된다면 다운 시 왼발로 50%의 체중이 이동되어 스윙 중 이동의 폭이 많아져 비거리가 길어진다. 그러나 이동이 많은 만큼 정확성은 떨어진다.

다운 시 허리 턴의 정도

다운에서 허리 턴의 정도는 비거리와 스윙의 타법에 영향을 주는데 그 이유는 스윙 중 큰 근육인 몸통 또는 작은 근육인 팔을 사용하는 정도가 달라지기 때문이다.

다운 시 허리의 턴이 느리면 원심력도 작아져 비거리가 짧아진다.

다운 시 허리의 턴이 빠르면 원심력도 많아져 비거리가 길어지지만 허리의 움직임이 너무 빨라지면 일관성은 떨어진다.

다운 시 손목 턴의 빠르기

다운에서 손목 턴의 정도는 비거리와 스윙의 타법에 영향을 주는데 그 이유는 스윙 중 페이스의 닫힘 정도에 의해 가속도가 달라지기 때문이다.

다운 시 손목의 턴이 느리면 헤드 스피드가 느려져 비거리가 짧아지지만 허리의 턴에 비해 손목의 턴이 너무 느리면 슬라이스가 나기도 한다.

다운 시 손목의 턴이 빠르면 헤드 스피드가 빨라져 비거리가 길어지지만 허리의 턴에 비해 손목의 턴이 너무 빠르면 훅이 발생하기도 한다.

특히 손목의 턴은 어드레스 시 잡은 그립의 V홈과 연관되어 V홈이 오른쪽을 향하면 향할수록 다운 시 손목의 턴이 빨라지고 반대로 V홈이 왼쪽을 향하면 향할수록 다운 시 손목의 턴은 느려지게 됨을 알아야 한다. 그리고 허리의 턴이 느리고 손목의 턴이 빠르면 훅이 생기고 반대로 허리의 턴이 빠르고 손목의 턴이 느리면 슬라이스의 구질이 된다.

이러한 것들은 스피드에 관한 문제로서, 더 쉽게 표현하자면 몸을 천천히 움직이는 가벼운 공원 산책과 빠르게 움직여야 하는 100m 달리기를 예로 들 수 있다. 걸어다니면서 먹고, 말하고, 손으로 놀이를 할 수도 있지만 100m 달리기를 하면서는 아무것도 할 수 없다. 이것은 몸이 빨리 움직이면 여유가 없고 느리게 움직이면 그만큼 여유가 생기기 때문이다.

또 다른 예를 보면, 야구에 있어 살짝 갖다 대는 번트는 쉽게 원하는 곳으로 매번 똑바로 보낼 수 있지만 홈런을 때리려면 스윙이 커지고 스피드와 타이밍이 맞아야만 한다.

스윙의 자세는 좋고 나쁨이 없다. 다만 비거리에 좋은 자세와 방향성에 좋은 자세가 있을 뿐이다. 어떤 자세가 단점만 있는 것도 아니고 장점만 있는 것도 아니다. 비거리를 내는 자세와 방향성을 내는 자세가 공존해야 하기 때문이다. 비거리를 위한 자세만 취하면 방향성을 갖기 어렵고, 방향성만 생각하면 비거리를 갖기가 어려울 것이다. 그러므로 각 골퍼는 자신의 몸에 맞는 비거리 자세와 방향성 좋은 자세를 적절히 섞어 자신만의 쉽고 멋진 스윙을 만들어야 한다.

이런 자세들 외에도 거리를 내는 데 필요한 것들이 더 있지만 앞에서 설명한 기본 자세가 가장 중요하므로 앞의 자세들을 단계적으로 익혀 나가면 힘의 손실이 없는 스윙이 되어 최소한의 힘으로 최대로 멀리 볼을 보낼 수가 있다.

지금까지 다루었던 거리를 내는 4가지 요소만 거리를 낼 수 있는 모든 것은 아니지만 가장 중요한 요소들만 다루었으므로 이 책을 차근차근 읽으면서 이해하고 한 가지씩 만들어 나간다면 여러분이 지금까지 보지 못했던 새롭고 신나는 체험을 하게 될 것이다.

"하루를 쉬면 나 자신이 알고, 이틀을 쉬면 나의 캐디가 알며, 사흘을 쉬면 갤러리가 안다." - 벤 호건

연습하는 골퍼만이 비거리와 방향, 일관성을 동시에 얻을 수 있다.